子どもの「10歳の壁」とは何か?
乗りこえるための発達心理学

渡辺弥生

光文社新書

はじめに

成人になるのは日本では、20歳です。もちろん、その年齢を越えていくつになっても、親からみれば、子どもは子どもであるわけですが、たいていの親は、「とりあえず成人になるまでは一生懸命働こう、そして育てよう」と考えます。

子どもとの生活は、他のことに代え難い、さまざまな経験や感動を与えてくれます。ときには、辛くていつまで続くのだろうと思うような長い道のりに思うこともあるでしょう。どこまでも上り坂が続くように感じ、しばしば、息切れや不安を覚えるようなこともあり、山登りのような辛さがあります。

他方、子どもを見ていると、自分もかつて通ってきた道ではあるものの、自分がその年齢のときには気が付かなかった素晴らしい発見がいくつもあり、人間が成長していくことへの愛おしさを感じたり、新たな発見に心奪われるような瞬間を何度も味わうことができます。

こうした子どもの発達に絡んで、近年、子どもにかかわる書物には、「9歳、10歳」という年齢の区切りが見出しに飾られることが少なくありません。特に、学力にかかわる雑誌や書籍の表紙に、「9歳、10歳までに勉強しないと手遅れだ」という言葉が躍っていることが多くなりました。

早期教育が叫ばれ、いたずらに親や教師が煽られているようにも思いますが、こうした、「9歳、10歳の壁」とは、そもそも誰が言い出したのでしょうか。

また、実際のところ、科学的な根拠があるのでしょうか。

実際に、そうした書物を手に取ってみますと、その根拠について、ほとんど詳しい説明がなされていないのが現状です。最近は、脳の研究が引用されていることが少なくありませんが、少なくとも、脳について明らかにされている科学的な事実と、私たちが主観的に感じる心の世界との関連については、まだまだギャップがあるように感じます。依然、わからないことだらけです。日進月歩で多くのことが毎年明らかになりつつあるわけですが、いまだ、医学的に解明されている現象と、私たちの意識との関係は、推測の域を越えていないのです。

はじめに

たとえば、勉強に伸び悩んでカウンセリングにいったとしましょう。その際に、もし、お医者様から、「検査の結果、あなたの前頭葉は、他の人より血流が不活発なことがわかりました」とのみ言われたらどうでしょう。

私たちはただ驚くだけで、そのことがどういうことなのか、困惑します。不活発というのはよくなさそうだが、じゃあ、どうすれば活発になるのか……。どうして不活発になったのか。自分では頑張っていると思っていたのに、なぜなんだ……。さらに途方にくれることでしょう。

事実としてそれを受け止めたとしても、「だからといって、どうすれば……」ということになるだけで、さらに悩みが深まることになったりします。すっきり解決とはいかないわけです。

脳科学では、生物学的、生理学的な観察や研究によって、脳内の変化を「客観的」に解明し、成果をあげているわけではありますが、その脳の変化の事実と、実際に起きている思考の変化、つまり子どもたちが「主観的」に感じている心や考え方の変化を、どのように結び付けたらよいのか、ということについては、まだそれほど明らかにされていないのです。

ただし、こうした脳の活性化と結び付けて取り沙汰されることの多い9歳、10歳ですが、この年齢に注目しているのは、早期教育を煽る分野だけではありません。実は、現実の学校教育の世界では、1960年代ごろからすでにささやかれてきた、特徴のある年ごろでもあります。つまり、9歳、10歳の「壁」という言葉や、小学校4年生の「つまずき」という言葉は、かなり前から教育現場では言われてきている言葉でもあったのです。

しかし、「つまずき」と「壁」とでは、意味や抱く印象がずいぶん違うのです。「つまずき」であれば、ふたたび起きて進めばよいように思いますが、「壁」では、とうてい、向こう側に行くことが不可能に近い印象を受けます。しかし、こうした言葉の根拠については、意外にきっちりと調べられていないことに気付きます。

実際のところ、これまでいったい何が「壁」として考えられてきたのでしょう。本当に、「壁」といった大きな節目が、この9歳、10歳にあるのでしょうか。

この本では、今まで言われてきた9歳、10歳の「壁」と言われる根拠を探したうえで、再度その年齢で起きている心理学的な変化を概観したいと思います。さらには、一般的にはいまだ伝えられていない、9歳、10歳のさまざまな心の領域の特徴を、発達心理学の観点から

はじめに

紹介したいと考えています。

　心理学の領域において、特に、発達心理学は、基礎分野のみならず応用的な分野においても、多くの知見を積み重ねてきています。心理学では、「心」というものを、感じたり、行動したり、考えたりという視点からとらえ、年齢によってそれらがどういう特徴や変化を示すのかということを、実験や調査、観察、検査によって明らかにしようとしています。そうして得たたくさんのデータを統計的に分析し、そこから知見を得ています。つまり、実際に子どもたちの生の言葉や行動に起きている変化を、子どもの意識の表れとしてとらえ、ある程度は信頼性や妥当性のある確かなものとして、つかみとってきている分野であります。

　しかし、そうして積み上げられ、学術的に得られたたくさんの知識は、必ずしもわかりやすく一般の方々に伝えられていないように思います。

　特に、今日社会的に問題となっている、親による虐待の増加や、学校現場での教師の「うつ」の問題を考えるとき、子どもの発達についての知識がうまく生かされていないように思います。さまざまな情報が、私たちをハッピーな気持ちにさせるように役立っておらず、不安や辛さを煽るようなものがやたらと多くなっているように思うのです。

　子どもにかかわる際に、不安や辛いことが先立ってしまうと、その先にめざしていく方向

7

性がどうしてもぶれがちです。子育てが愉快で興味深く、生きる価値の奥深さを感じられるものになるように、ぜひとも子どもの心の発達を、多くの方に知っていただきたいと切に思います。

ですから、まず、この9歳、10歳を切り口に、今まで「壁」として越え難く感じられていたものはなんだったのかを明らかにしたいと思います。そして、その難しい、手に負えないといった印象を払拭するためにも、この年齢の心の変化の興味深さ、おもしろさを、できるだけたくさん伝えることができればと思っています。そのうえで、この時期の子どもにどうかかわったらよいかについて最後にふれています。

さて、「壁」は正面から見ると強いプレッシャーを感じ、越え難く感じるものです。しかし、上から見たり、横から見たりすれば一つの節目であるにすぎないとも言えます。「壁」というイメージを、実は「飛躍」できる質的な心の変化のとき、つまり「ジャンピングポイント」ととらえてみたらどうでしょう。

この時期の子どもたちの発達を理解してやり、はしごのかけ方さえ工夫してやれば、きちんと思春期を迎え、大人への自立の準備をスタートさせることができるのです。この本を読

はじめに

まれた後は、きっとそのように感じていただけることと思います。「人間」の発達の楽しさと可塑性を味わっていただけることを心より願っています。

その願いのもとに、第1章では、まず「9歳、10歳はなぜ取り上げられるのか？」という視点で、これまでこの年齢を切り口に出版されている雑誌や本を取り上げ、その根拠について調べてみました。そのうえで、9歳、10歳の子どもたちがどのようにとらえられてきているかを解説しました。

第2章では、おおざっぱですが、発達心理学でとらえられている、9歳と10歳の特徴をあげ、まず、子育てや子どもとかかわった経験のあるなしにかかわらず、その年齢の子どもをイメージしていただけるように書きました。

第3章からは、発達心理学で取り上げられているさまざまな切り口をもとに、これまでわかってきていることを紹介しています。第3章では、「自分」「自己」について、すなわち「認知」について。第4章では、この年齢で重視されるようになる「感情」について。第5章は、感じること、すなわち「感情」について。第6章では、対人関係のなかでも、この年齢で重視されるようになる「友達関係」の変化について。第7章では、善悪の判断のもとになる「道徳性」について取り上げ

9

ました。特に、第7章は、私自身が専門としている領域であり、近年子どものモラルの低下が指摘されることもあって、できるだけ多くの知見を取り上げました。

そして、第8章では、各章で見てきたことをまとめて、発達心理学で明らかにされてきた9歳、10歳の子どもたちの特徴を総括しました。ここまで読んでいただければ、第2章で、なんとなく持っていただいたイメージよりは、そのころの子どもたちにかなり肉薄できる、あるいは、愛着のあるイメージに変わっているのではないかと思います。

第9章と第10章では、この時期にある子どもたちの社会性や道徳性の発達を支援するにはどうかかわればよいかという「かかわり方」について具体的に述べています。と言うのも、このころの子どもたちは、しだいに自分を強く主張し、曲がりなりにも、親の手を一方的に借りずに、さまざまな対人関係のトラブルの解決や善悪の判断を自律的にするようになります。しかし、一方で、実力は未熟であり、解決するプロセスで疲れて倒れてしまったり、うまく解決できずに挫折したりということが多々あります。

極端な場合には、いじめに巻き込まれたり、非行や不登校など、学校に適応できない問題へと事が大きくなってしまうわけです。対人関係の問題やモラルの問題は、いろいろなトラブルを経験し、乗り越えていくことで解決力を身に付けていくわけですから、こうした苦し

はじめに

い経験をチョコチョコすること自体は、健全な発達においても必要なことです。ですが、ときに、このプロセスで頓挫したり、逸脱してしまうリスクもあり、その際には、リスクをマネジメントできるような、また困難に打ち勝つスキルや能力を獲得しておくことが予防につながります。そこで、第9章では、対人関係を構築し、維持していくために必要なソーシャルスキルの獲得のための支援について、また第10章では、自分だけではなく他の人たちの気持ちを考えて判断できるための思いやりを伸ばす支援について、紹介しています。

この本を読んでいただいた皆さまに、子どもたちに関心を持っていただき、これからの社会を育てる子どもたちを愛おしく思っていただけると幸いです。

11

目次

はじめに 3

第1章 9歳、10歳はなぜ取り上げられるのか?

早期教育の出版物に躍る「9歳」「10歳」の文字 22

エビデンス(科学的根拠)がないのに、取り上げられる「10歳」 23

運動、人格、食……あらゆる分野に持ち出される「10歳」 25

早期教育を煽る脳の知見と、警鐘を鳴らす脳の知見 28

脳に関する情報の不一致 32

発達のロバストネス(頑健性)に注目する 36

教育の世界では「飛躍の歳」であるととらえられていた 38

「9歳、10歳の壁」を言い出した人は誰？——障害児教育の世界での9歳の「峠」 44
なぜ、「峠」になるのか 46
生活中心の遊びが重要な理由 51

第2章 9歳、10歳ってどんな年齢？ 54

「子ども」ととらえていいか迷う年ごろ 54
問題行動に反映される「心の変化」 55
「心の変化」の背景を知る 57
具体的操作期から形式的操作期へ 58
友達関係の変化——ギャング・グループからチャム・グループ、そしてピア・グループへ 59
自尊心が低くなる——葛藤体験が成熟の肥やしに 60
第二次性徴と、心身両面の大きな揺らぎ 61

第3章 「自分」って何？──自己意識の変化 63

自己意識の芽生え 63
外面的な自己意識から内面的な自己意識へ 67
自尊心の高まり──「ほどほど」を求めるバランス感覚 68
自分について、さまざまな側面に分けて評価できるようになる 70
自己を知り、人の心を知る──「心の理論」 74
推理小説が楽しめるようになる背景 78
セルフ・コントロールの発達と「がまん」 80
自己主張と自己決定感 83
ジェンダーの発達 85

第4章 「考える力」の急成長──認知の変化 92

考える力の変化——「具体」から「抽象」へ 92

「保存」や「系列化」の理解が深まる 94

記号での比較や仮説、論理的思考実験が可能になるのは11歳以降 96

社会的な考えも抽象的に——頭でっかちな悩める人 99

一時的に自己中心性が強くなる 100

「創造性」の変化 102

「時間」の流れの理解——過去・現在・未来 104

遠い未来や過去を、現在と結び付けられるようになる 106

未来へのイメージの変化——希望が減り、空虚感が増す？ 108

メタ認知の発達 114

メタ認知の質的な変化——自己の視点を相対化できるようになる 117

内言の確立——自分自身との対話 122

第5章 「複雑な気持ち」を知る――感情の変化 125

感情の発達は、とらえにくい 125
さまざまな感情 126
感情の「表現」と「理解」の発達 128
入り混じった複雑な感情を意識できるようになる 130
友達との関係を保つために、表情を抑制するようになる 136
感情のリテラシーを発達させるために 138

第6章 親より「友情」へ――友達関係の変化 143

友情を選ぶ理由の変化 143
自己開示の重要性――親密になっていくプロセス 145
悩んでばかりの女の子の友情――過剰な自己開示の危険性 148

同性と異性の友達関係
友達との同調の高まり——誘いを断れない弱さ 153
友達からのソーシャルサポート——「何かあったときに助けてくれる」という確信度 155

第7章 「他人の視点」の獲得——道徳性の変化

道徳性の3つの側面 158
規則の認識——外界の事象、親の働きかけから学ぶ 160
他律から自律へ——「規則は変えられる」と感じ始める9歳、10歳 164
過失、盗み、嘘に関する道徳判断——「結果」から「動機」へ 167
判断の理由を考えさせることで、成長する10歳以降 170
ずるい、ずるくないという認識はどこからくるか 175
権威がある人ってどんな人？ 179

「道徳」か「慣習」かの区別は、まだ難しい 183

相手の立場に立つ力——相手の頭に吹き出しを想像できる 192

相手の内面を想像し、互いの視点を調整できるようになる 194

トラブルを解決する能力ができてくる 200

第8章　9歳、10歳の子どもとは？――まとめ 203

【9、10歳の身体の発達（平成21年度の文部科学省の統計より）】 203

【9、10歳の「自分」】 206

【9、10歳の「考える力」】 207

【9、10歳の「感情」】 209

【9、10歳の「友達関係」】 210

【9、10歳の「道徳性」】 211

第9章 9歳、10歳の「社会性」を育てる支援 214

放っておくだけでは育ちにくい、「社会性」と「道徳性」 214

思春期の荒波がくる前に、発達の基盤をつくる 216

(1) ソーシャル・スキル・トレーニングとは 219

急速に周知された「新しいスキル」 219

人とかかわるコツを学び落としている子どもの増加 221

「性格」のせいにしない! 222

「未熟なだけ」「練習すればうまくなる」という発想に切りかえる 226

(2) ソーシャル・スキル・トレーニングの理論と対応 226

認知を変え、感情を変え、行動を変える 226

(3) 実践例——気持ちを伝えるスキルの練習! 228
何度も練習することで、体得させるステップ 228
感情の種類に気付き、伝え方を知る 231
まだまだ支えが必要な時期……いきなりはしごを外さない 234

第10章 9歳、10歳の「道徳性」を育てるアプローチ

(1) 道徳性を育てるプログラムとは 236
「親しくなりたい」という欲求と「束縛されたくない」という欲求 236

(2) 思いやり育成プログラムの理論と対応 237
教育によって人間関係を育てることへのニーズ 237
役割取得能力の5レベル——同年齢の中で低いレベルの子に注目する 239

（3）実践例——役割を交代して感じてみる練習！ 240
　アドリブで「実体験」を味わう 240
　考えればわかる、の嘘——相手の立場に本当に立つ経験 244

おわりに 248

【本文・引用文献リスト】 255
【図表・引用文献リスト】 261

第1章　9歳、10歳はなぜ取り上げられるのか？

早期教育の出版物に躍る「9歳」「10歳」の文字

「9歳の壁」とか「10歳の壁」というフレーズを、どこかで目にし、耳にされたことはないでしょうか。教育関係の書籍や雑誌の中には、「10歳までに決まる頭のいい子」とか「子どもに教育するなら、10歳まで」とか、「9歳でつまずかないために……」といったキャッチフレーズで、早期教育を促すものが巷に溢れています。

ふつうの親でしたら、なんだかよくわからないけれど、「学力には『壁』があるらしい。うちの子はそういえば、もう8歳だ。手遅れにならないように勉強させなければ」と焦りだすかもしれません。2、3歳のお子さんの親なら、「まだ間に合う、そうか、この10年前後

第1章 9歳、10歳はなぜ取り上げられるのか？

が勝負になるんだ」と気でなくなるかもしれません。

ましてや、9歳、10歳を過ぎて、すでに勉強につまずいているわが子を見れば、「あー、なんてこった、もっと早く対策をしておけばよかった……」と嘆かれるかもしれないわけです。これから伸びゆくわが子を目の前にして、はやばや後悔の念に駆られるかもしれないわけです。

しかし、いったい、これらの書物や雑誌に躍っている「9歳、10歳」という年齢には、本当に科学的な根拠があるのでしょうか。

いたずらに焦らされたり、あきらめさせられたりするのは、子どもの教育に決していいことではありません。きちんとした情報を、誤解しないような形で、もっと言えば、役に立つ形で説明する必要があると思います。

エビデンス（科学的根拠）がないのに、取り上げられる「10歳」

「9歳、10歳の壁」、とか「10歳で決まる」といったタイトルの雑誌や本は、実際のところ、その根拠を説明しているのでしょうか。

某雑誌2004年のタイトルには、「東大生の母が明かした10歳までの家庭教育」とあります。記事を読めば、東大生のお母さんに共通しているのは、子育てに対してとても真剣に

取り組んでいることだということがすぐにわかります。まあ、しかし、これは誰もが予想することで、驚くことでもなんでもありません。そして、「東大への近道は、10歳までにしっかり子どもを勉強好きになるように上手に導くことなんです」と書かれています。

ここで、初めてびっくりしました。そう、何ゆえ、「10歳まで」と断定するのかです。不思議に思いつつ読み進めましたが、「10歳まで」という大きな見出しで謳っておきながら……、結局のところ、「なぜ10歳?」という根拠は、やはりいっさい書かれていません。なぜ、「10歳」というところに力を込めたのか、教育熱心であればこそ、もっと根拠を説明してほしかった、というのが正直なところです。

別雑誌のタイトルにも、驚くようなものがありました。「年収〇〇万円世帯…教育格差を決める"10歳の壁"」というものです。その内容には、教育研究所や学校の先生の声がいくつも取り上げられていました。

小学4年生になると、国語の長文の読解や算数でつまずきやすいことや、この壁を乗り越えるには宿題を見てやれるかどうかといった家庭の差があると指摘しています。また、学力が10歳で止まってしまっている高校生が急激に増えているとも書かれています。特に、学術的な研究はいっさい引用されていません。

第1章　9歳、10歳はなぜ取り上げられるのか？

そこからなぜか、年収の問題へと話が飛躍し、年収〇〇万円以上でないとお受験に乗っかれないという話が続いています。ここでも「10歳」の根拠は、なんらありませんでした。そしていたずらに、早期教育にお金をかけないと学力が高まらない、といったことをほのめかす内容になっていました。低収入の親を不安にさせる暗黙の圧力を感じます。「10歳」というキーワードは、読者を釣るための言葉として使われたようです。

運動、人格、食……あらゆる分野に持ち出される「10歳」

こうした10歳という年齢の区切りは、学力に特化したものだけではありません。運動面や人格面にかかわる雑誌にも、「10歳」までにといった表現がかなり目立ちます。ある雑誌では、「運動神経の基礎は10歳までに育む！」という副題を付け、学力ではなく、運動神経に関して「10歳」に着目しています。

その記事では、運動神経は10歳までが一番伸びるとあり、それと関連付けるように脳の研究が引用されていました。神経回路の完成度は、10歳までで95％に達することが述べられていました。頭と身体をつなぐコーディネーション能力のもととなることから、10歳までが重要と述べられています。また、心理学でよく取り上げられる「スキャモン」の発達曲線が紹

介されており、神経系が10歳までは成長するものの、その後は、変わらないといったことが説明されています。

学術的なデータをまったく引用しない雑誌と比べれば、発達心理学の授業でたいてい紹介されるきちんとしたデータが載せられていることから、一見、説得力があります。しかし、ここにもまた落とし穴があるのです。それは、たとえ、身体的な変化として、そのような変化が明らかになったとはいえ、「10歳まで」に運動をさせた方がよいということとは必ずしもつながらないことです。

どのような運動をどのくらいするのが適切で必要な運動なのかといったことについても、いまだよくわかっていないのが実情なのです。もちろん、経験則として、適度な運動をすることは必要なことに思います。しかし、どのようなメニューが発達にとって最適なのか、ということについては、必ずしも科学的に解明されているわけではないということです。

さらに、「食」の世界にも9歳、10歳の年齢に焦点が当てられていました。「キレない子どもに育てる　食と暮らし大研究」というタイトルの雑誌を見つけたのです。副題には、「10歳までの親の関わりが子どもの未来を決める！」とあります。

なぜか副題は、メインタイトルと比べると、フォントがかなり小さくされていましたが、

第1章　9歳、10歳はなぜ取り上げられるのか？

内容については「未来を決める！」とかなり誇張して謳っています。11ページにわたり、食と暮らしが紹介されていますが、結局のところ、肝心の10歳の根拠は、「走る、跳ぶ、投げる、の身体能力の基礎は10歳までに養われるともいわれます」という、たった4行でした。しかも、「ともいわれます」とかなり自信のないくくりで終わっています。

と、ここまで、9歳、10歳にかかわる雑誌について批判めいた紹介をしてきました。なぜ批判めいた書き方になったかというと、「9歳」「10歳まで」といった言葉が重々しく取り上げられながらも、「なぜ9歳なのか、10歳なのか」といった根拠がほとんど説明されていないという実態への不満がつのったためです。

少し冷静に読めば、親を焦らせて、早期教育に関心を持たせるための宣伝効果を狙っていることには、誰でも気付きます。

ですが、こうしたことへの批判は別にして、実は、私は賛成しています。なぜなら、「9歳」「10歳」という年齢自体を取り沙汰することには、発達心理学ではとても興味深い年齢だからです。ですから、この本では、「こうしたキャッチフレーズに乗せられないで」という警告をただ与えることが目的ではありません。

むしろ、どうせなら、槍玉にあがっている、「9歳」「10歳」とは、いったいどのような年

齢なのか、ということを、お伝えすることを目的としてみたいのです。心理学の中でも、「発達心理学」の領域でこれまで明らかにされてきていることの多くは、いまだ、一般向けの書物では伝えられていないことが少なくありません。

したがって、子どもの心の発達において、「9歳」「10歳」が、本来どのような年齢なのか、どういった心がどのくらい育っているのか、わかっていることをできるだけ伝えたいと思うのです。

先に述べたように、これまで、あまり根拠がわかりやすく説明されないままに、広い範囲で幾度も取り上げられてきたこの年齢について、もっと正面切って説明する本があってもいいのではないか、と思い立ったわけです。

早期教育を煽る脳の知見と、警鐘を鳴らす脳の知見

雑誌だけではなく、ベストセラーになっている書籍にも、同様のことが言えます。『天才は10歳までにつくられる』といったタイトルの本があります。以前、テレビ番組『エチカの鏡』(フジテレビ系)で紹介されていた横峯吉文氏(2007)の本です。楽しみに、10歳の根拠がどのように述べられているかを探してみました。

第1章　9歳、10歳はなぜ取り上げられるのか？

ここでは、「大脳にある前頭前野は、個人差はありますが、男の子は9〜11歳、女の子は12歳くらいまでに子供の前頭前野から大人の前頭前野に変化するようです。（中略）……。つまり、10歳までの学習がとても大切になるということです」と書かれています。特に、引用文献の紹介がないので、どんな学術雑誌にこのことが書かれているかは不明です。

疑問に思うのは、前頭前野が変化するから、なぜ10歳までの学習がとても大切になるかという肝心の部分が説明されていないものですし、子どもの育ちを見ているあたたかなまなざしについては、なんら批判することはありません。著者の、「子どもたちを伸ばしてやること」への強い熱意や経験は素晴らしいものです。

私自身も、子どものリソース（資源）を生かして、自信を持たせてやる教育が望ましいと思っているので、共感できるところです。しかし、こうした、素晴らしい実践を経験的な中から見つけ出してきたという内容の中に、どうして、数行の、脳についての中途半端な説明を入れる必要があったのでしょう。

確かに、教育の現場にいますと、医学で明らかになった知見は気になります。大切なことです。経験から明らかにされてきた数々の実践が、経験則にすぎないじゃないかと批判されかねない科学主義の世の中にあっては、科学的な根拠を明らかにしたいという気

持ちはよくわかります。しかし、安易に結び付けてしまうことで、一見「証拠（エビデンス）」のように見える誤信が与える副作用について、配慮する慎重な姿勢が必要に思うのです。

それでは、科学の最先端とも言える医学関係の方々は、どのようなことを教育と絡めてこれまで述べてこられているのでしょうか。

探してみると、9歳、10歳といった年齢について書かれている医学領域の先生の本などもいくつかあります。そして確かに、こうした先生方がお書きになった本についても、一般人を混乱させるような書物が少なくないことに気がつきました。

大島清氏（1999）の『子どもの能力は9歳までの育て方で決まる』（海竜社）では、「脳の中にある前頭葉の大半を占めるソフトウエアの大部分は、9歳までに出来上がってゆくもので9歳以降変化させるにはうんと時間がかかる。そういった意味において、子育ての場合、9歳までが最も大切なしつけの時期である」と書かれています。

そして、9歳ごろまでに、おびただしい数のシナプスがどんどんつくられて、そのころの情報がイメージとして蓄えられることや、「五感を通して感じた快感」が、「魂の原風景」としてつくられると書かれています。ヒトとして生まれた私たちは、9歳前後に人間行動のプ

第1章　9歳、10歳はなぜ取り上げられるのか？

ログラミングセンターであるソフトウエア（前頭連合野）の基本的な神経配線がつくられて、初めて賢いヒト（人間）となるとも書かれています。

また他には、東北大学の川島隆太氏の学習療法という考え方を引用して、早期教育が煽られている場合があります。

学習療法においては、①前頭前野をたくさん使えば神経線維が増える、②前頭前野の機能は、音読や計算で高められる、③音読や計算を継続することで、前頭前野の潜在能力を引き出せる、と強調されています。つまり、キーワードとして、シナプスの量、神経のネットワーク、前頭前野の変化が、学習と強く関連付けられていることがわかります。この療法の効果は、主に、学習者として認知症高齢者を対象にした効果なのですが、ときに、9歳や10歳でも認められたように書かれていることがあります。

もちろん、脳についてのエビデンスは、そのときには明らかでなかったことが、後になってしだいに解明されてくるということはよくあることです。しかし、素人にとっては、エビデンスの一部だけを切り取って、安易に子どもの年齢と結び付けられていても、なかなか気付くことはできません。一般人は、混乱するばかりです。

慌て者の親であれば、9歳、10歳までに、脳の発達によいことを何かしなければならない

31

と焦り、それでは、前頭葉を機能させる音読や計算をさせなければいけないのだ、と思い込んでしまいがちです。

しかし、これが落とし穴なのです。たとえ、音読や計算による教育効果が、その教育を与えられる群とそうでない群を比較して実証されたとしても（ここでいう実証は、ランダムサンプリングで選ばれた子どもたちを、そのプログラムを実施する条件と、そうでない条件に、ベースラインで差がないことを確認して、設定し、統計的に有意な差をもたらしたかどうかについて検討すること）、それ以外の教育内容、たとえば黙読やグループワークには効果がない、ということを明らかにしたことにはならない、ということです。

ましてや、生活の中で、どのようなやり方で、どれくらいの量で行えば、どのくらいの期間で脳や学習に効果をあげることが可能なのかといった具体的なことは、ほとんどわかっていないのが現状です。対象の年齢を9歳、10歳以前、以降のグループに分け、教育の効果を比較検討しているわけでもありません。ですから、9歳、10歳で区切ることの是非自体についても、これから解明されていくことなのです。

脳に関する情報の不一致

第1章　9歳、10歳はなぜ取り上げられるのか？

脳に関する情報は、一般向けに書かれた本の中でも、必ずしも一致していないことに気が付きます。また、意外にも、同じ医学関係者の間でも、対立するような内容が書かれています。このことからしても、同じ医学領域といえども、いまだ明らかになっていないことが少なくないことがわかります。

たとえば、榊原洋一氏（2004）は、『子どもの脳の発達　臨界期・敏感期――早期教育で知能は大きく伸びるのか？』（講談社＋α新書）の中で、早期教育の根拠にされている脳についての知見に疑問を呈しています。

「誕生直後（またはそれ以前）から、脳の発達段階に合わせて、見たり、聞いたり、触ったりといったたくさんの刺激を与え、シナプスを増やして神経回路を密にしていくことが大切だと考えられているのです」といった、早期教育でつねに持ち出されている「脳科学的根拠」について、榊原氏はずばり、「シナプスが多く神経回路が密なことと、脳の機能が発達することの関係は証明されていない」と誤りを指摘しています。

また、早期教育ということで、「壁」や「臨界期」の存在を誇張し、その時期を逃すともう手遅れだと不安を煽るような宣伝のしかたについても、苦言を呈しています。

同氏の他著『「脳科学」の壁』（講談社＋α新書、2009）では、先に紹介した学習療法

についても批判しています。ニューロンの活動が活発になり、そのためにそのニューロンのある部位の血流が増えると、そのニューロンが向上する、という考え方が、論理の飛躍だと指摘しているのです。

そして、音読と単純計算で健常な人の前頭葉機能が向上する、あるいは創造力が高められるという主張には、なんの根拠も示されていない、と述べています。ニューロンのある部位の血流が増加すると、そのニューロンの機能が向上するということがいまだに証明されていないことや、小学校中学年までの子どもでは、音読をしても、前頭葉の血流が増加しないことがわかっている、とも述べられています。つまり、脳機能の理解が一段と進んできてはいますが、脳機能イメージング（脳内の機能を測定し画像化すること）が、自己意識が生じるメカニズムや、脳血流増加と学習の関係を解明するには、いまだに力不足である、と述べられているのです。

同じく、小西行郎氏（2004）は、『早期教育と脳』（光文社新書）の中で、生物にとっての「臨界期」とは、「生物が環境に適応するために脳が柔らかい状態で生まれ、それぞれの環境に合わせて生きていけるように脳の機能を柔軟に作り替え、それを定着させることのできる時期」のことだと指摘しています。したがって、この「環境に合わせて生きてい

34

第1章　9歳、10歳はなぜ取り上げられるのか？

る」が重要なのであり、算数や英語といった知能を強化することのみに与えられた能力ではないと書いています。

そして、今の行き過ぎた早期教育の風潮について言及し、人間の発達の一つの側面であるにすぎない「臨界期」を「教育的効果の高い時期」といった狭い範囲でとらえているように感じると述べています。

また、20歳ぐらいまでシナプスの数が増え続ける脳の部位もあることや、そもそも単純にシナプスの数が多ければよいかというと、そうとも言いきれない、とも述べています。適度な刺激が脳に必要なことは明らかであるものの、どのような刺激が望ましいのかという問いについて、科学的な裏付けなくして、その安全性は保証されないと指摘しています。

このように、脳の研究に関する書籍を読んでいても、日進月歩で脳の素晴らしいメカニズムが明らかになっていることは事実でしょうが、だからといって、実際に早期教育が長い目で見て効果をあげているかといったことや、神経や脳の部位の変化、具体的には、音読や計算をすることが、脳にポジティヴな影響を与えているかについては、いまだに多くのことが明らかになってはいないというのが現実のようです。

すなわち、適切な刺激を与えた方がよいということがわかっても、「適切な」という点が

35

いまだよくわからないわけです。また、どのような発達を見据えて考えているのかについても一定のヴィジョンがないのです。

発達のロバストネス（頑健性）に注目する

よく考えてみると、いったい理想的な9歳、10歳とは、どんなことができている子どもを言うのでしょう？　私たちは、健全な9歳、10歳を目標にしながらも、実際はどんな子が健全な10歳なのか、こんなシンプルなことさえわからずに、がむしゃらに育てようとしているのです。

9歳、10歳で、縄跳びを千回跳べるとよいのでしょうか。あるいは、10回テストをして全部百点を取れる子が、素晴らしい発達をしていると言えるのでしょうか。そもそも、いったいそんなことを、誰が決められると言うのでしょう。

明らかなことは、私たちの身体的な変化と教育の内容との因果関係を科学的に証明するには、かなりの年月が必要だということです。

さて、ここまで何度も話題に上ってきた「9歳、10歳」という年齢ですが、理想はわからないにしても、実際のところ、どのような発達の特徴が明らかにされている年齢なのでしょ

第1章　9歳、10歳はなぜ取り上げられるのか？

うか。一口に発達と言っても、学力、運動能力、脳の領域だけではありません。さまざまな人格特性や領域が含まれるものです。

榊原洋一氏（2004）は、「これほど多様な環境に育っているにもかかわらず、ほぼ5カ月で寝返りをし、1歳で立位歩行を開始するし（中略）……。こうした発達の同一性があるのはどういうことか。これが発達のロバストネス（頑健性）の表れなのである。子どもたちの発達は、早期教育をやろうがやるまいが、それによって大きく進路を狂わせることがなく、人として生きていくための知識とスキルを獲得されるように、調整されているのである」と締めくくっています。

私も、発達心理学の研究者の立場からすれば、共感するところです。どんなに、よいと言われる胎教を行い、母親が栄養、睡眠をいっぱいとったとしても、いまだかつて、どの国においても、出産時に分娩台で立ち上がったというニュースは聞いたことがありませんし、生まれて数カ月で大人にわかる言葉でしゃべり始めたという情報も聞いたことがないのです（笑）。

そう考えると、実際に世界の中で、多くの子どもたちが同時期に共通して直面する課題や、特徴について、とにかく明らかにしていく立場も大事ではないかと思います。そうした発達

37

の同一性やロバストネスとして、どのようなことが明らかになっているのか理解していくことによって、そこから逸脱してしまう場合にどのような問題が生じるのか、なぜ逸脱するのか、さらにはどうすれば健全な発達ができるのか、という視点を追求することができ、またそこからひとの発達の過程が浮き彫りになってくるように思うのです。

こういう視点で考えますと、「9歳」「10歳」という年齢は、意外と知られていないことが多い年齢です。発達心理学の領域でも、「9歳」「10歳」あたりを切り取って、どのような発達がある年齢なのかについて詳細にまとめられてはいません。しかし、発達心理学では、各年齢での発達の特徴について、多くの知見が蓄えられてきているのは、「はじめに」でも書いた通りです。

この本では、そこのところにスポットライトを当て、楽しんでチャレンジしてみようと思うのです。

教育の世界では「飛躍の歳」であるととらえられていた

さて、こうした、早期教育に絡めて騒がれている9歳や10歳についてのトピックとは別に、実は学校教育の世界ではかなり前から、9歳、10歳のつまずき、あるいは、壁という問題が

第1章　9歳、10歳はなぜ取り上げられるのか？

騒がれていました。

つまり、一般の学校教育では、「なぜか9歳、10歳で、皆がつまずきがちである」といった声が、多くの教師からつぶやかれていたのです。

こうしたつまずきは、特に、小学校4年生の算数、国語においてのつまずきの多さからきています。ちょうど2009年になって、NHKテレビ『クローズアップ現代』でも〝10歳の壁〟を乗り越えろ――考える力をどう育てるか」というタイトルで、その部分に焦点を当てた番組が放送されています。

2008年に、学力が低下したという問題をうけて学習指導要領が改訂されたことは、記憶に新しいことだと思います。具体的には、算数・理科に関しては、学習内容が全体的に前倒しされる形で、新しいカリキュラムへの移行が始まりました。

授業時間が増えるだけでなく、学習内容を前倒しで進めることになった……。そのことに絡んで現在、教育現場で心配されているのは、「小4の壁」という現象だというのです。なぜなら、この20年間、授業時間が削減され学習内容はやさしくなっていたにもかかわらず、勉強についていけなくなる児童が、9歳から10歳、つまり小学4年前後に急激に増えているというのです。

39

算数の場合には、計算は得意でも文章題になるとできないケースが目立つということが指摘され、原因には、ドリルに依存した学習スタイルや、家庭での会話の減少によるコミュニケーション能力の遅れなどがあげられています。

しかし、調べてみますと、この小学校4年生でのつまずきは、今に始まったことではありませんでした。

加藤直樹氏（1987）は、『少年期の壁をこえる——九、十歳の節を大切に』（新日本出版社）の中で、1970年代の半ば、この9歳、10歳という年齢は、落ちこぼれのはっきりする時期だという新聞報道がなされたことに言及しています。また、「自殺」や「登校拒否」の現れ始めるころでもあり、「危機」と結び付くと指摘しています。

そして、ギャング・エイジが始まる9歳、10歳は、「飛躍」する新しい何かが、まるで草木の芽のように頭をもたげてくるのではないかと書いています。つまり、飛躍の年であるということは、裏を返せば、つまずき始める年齢でもあることを示唆しているのです。

「ギャング・エイジ」という言葉は、発達心理学のテキストではかつてよく取り上げられていました。小学校3、4年生をピークに見られ、同年齢の4、5人による集団が見かけられるころのことを指します。排他的ではありますが、結束が固く、その集団の活動を通して、

第1章　9歳、10歳はなぜ取り上げられるのか？

思いやり、責任、協力などのさまざまな社会性を学ぶと考えられました。

しかし、1980年代には、その年齢で遊びまわる集団が見かけられなくなります。ギャング・エイジが見られなくなることで、子どもたちの社会性の学びに陰りが見える、と指摘され始めました。確かに、2010年代では、近くの住宅地の公園に行っても、4、5人でギャングのように遊んでいる子どもたちは、ほとんど見かけられなくなりました。

また、秋葉英則氏（1989）は、『思春期へのステップ——9、10歳を飛躍の節に』（清風堂書店出版部）の中で、9歳、10歳が飛躍の歳であるとし、①身体の成長・成育に変化、②ものを考える力、抽象的思考、過去・現在・未来といった時間の推移、③自己主張を正当化するためにヒーローをワレの中に求める唯我独尊の時期になる、という3つの変化に言及しています。

この秋葉氏の本では、9歳、10歳を、「つまずく」というとらえ方ではなく、「質的に飛躍する素晴らしさを見ることができる」という観点からとらえています。つまり、この年齢の子どもたちは、それまでの経験主義を脱して、科学の論理を身に付けようとするようになることや、事象や事柄を比較し、共通性、相違性を発見し、より高次の分類作業ができるようになるころだと述べているのです。

この年齢になると、過去・現在・未来へと認識を広げ、歴史的なとらえ方ができるようになります。芸術・文化・スポーツにも興味が増し、話し方にも違いがあらわれるようになります。語彙力、文法力、会話能力も高まります。過去を意識し、仲間を意識し、自分を気にしながらも自己主張を高め、大人に依存しつつも大人を否むという思春期の入り口に立つ、と説明されています。

そして、学力の土台は、社会性の発達にこそあると強調しています。仲間の中にいるからこそ、科学の論理を互いに競い合って獲得していくことができると言いきっているのです。5年生ともなれば、仲間を大切にしなければならないこと、誰とでも仲よくしなければならないことなど、いわば人間社会における、人間関係を維持するのに必要なルールや認識をかねそなえるようにもなります。

しかし、そうは言っても、好きなものは好き、嫌いなものは嫌い、といった自分のありのままの感情と、こうする「べき」という認識が矛盾するようになっていきます。つまり、「ネバならない」教訓を生活の中で実行しようとしてきたのに、しだいに、この心理的均衡が自分の中で矛盾するようになるわけです。そして、残念なことには、この認識の不均衡に持ちこたえようとする、感情をマネジメントする力が、この年齢ではまだ育っていないため

第1章 9歳、10歳はなぜ取り上げられるのか？

に、「ネバならない」を持続することに破たんしてしまうことになると言うのです。
ですから、小学校低学年では「友達と仲よくしなければいけない」と強く思っていたのに、思春期になると「なんでいやだと思っている人にも、やさしい言葉をかけなきゃいけないの」という思いが強まり、自分が信じていた認識がもろくも崩れてしまう不快感を、自分に対しても、他人に対しても持つようになるわけです。

そのため、より高次の社会性を獲得しようとするようになり、異質なものを取り入れようともがき始めます。したがって、このころは、「こんなはずではなかった」という人間関係も体験します。まだ異質なものをのみこむ心理的包容力が育っていないために、つまずいたり、自己嫌悪になる思春期の陰の問題を抱えがちなわけです。

このように、教育現場では、小学校4年生あたりが飛躍の歳であることや、そのために、その飛躍ができずにつまずいてしまう危険性が確かに指摘されています。しかし、必ずしも、9歳、10歳ごろを過ぎるともう手遅れ、あるいは間に合わないということではありません。

むしろ、率直に、9歳、10歳を飛躍の歳としてとらえるという考え方が、教育の世界では以前からあったのです。

「9歳、10歳の壁」を言い出した人は誰？――障害児教育の世界での9歳の「峠」

先ほどまで、教育の世界での9歳、10歳のつまずきと飛躍について述べてきました。しかし、実は、この9歳、10歳でのつまずきについては、障害児教育においては、さらにさかのぼったころから論議になっていたようです。

障害者教育で有名な博士に、カーク（Kirk, 1962）がいます。カークは、学習障害やLD（Learning Disabilities）と呼ばれる障害について貢献したことで知られています。

またカークは、一人の個人内の能力の偏りといった個人内差に着目し、そうした特徴を明らかにするITPA言語学習能力診断検査（Illinois Test of Psycholinguistic Abilities）の考案者でもあります。

カークは、「特殊児童」とは、教育的に特別なニーズを持つ子どものこととし、特殊才能児まで含めたあらゆる子どもたちにあたたかいまなざしを注いだ人でした。彼は、「一般に精神薄弱児（平成10年、「知的障害児」とあらためられた）の数能力は、小学校の3、4年生程度まで発達する」ということを認めています。つまり、9歳、10歳ごろまでは能力を高められるのに、それ以降は難しいということを示唆しているのです。

一般には知られていませんが、教育の世界、特に、ろう教育の世界では、「9歳の壁」と

第1章　9歳、10歳はなぜ取り上げられるのか？

いうテーマは、1960年代から論議のまとでした。10歳とか、小学校3、4年生ということではなく、むしろ、スパッと「9歳」を切り口にして、「9歳の壁」という言葉が最初に用いられていました。その言葉を用いたのは、当時、東京教育大学附属ろう学校の校長であった、萩原浅五郎氏が最初ではないか、ということがわかりました。

1964年の『ろう教育』の7月号3ページの「今月の言葉」の中に書かれています。そこには「ろう児の学力水準は、普通児なみのスケールでみると『九才レベルの峠』で疲労困ぱいしているという現実である」と書かれています。

9歳の壁という言葉ではなく、その当時用いられていたのは「九才レベルの峠」でした。「学期末成績報告書をみながら、今年度中には、百％この峠を越させたいものだと、何人かの例外のこどもの顔を思い浮かべている」と締めくくられています。

その後、萩原氏は、「学力九才レベルを胸突き八丁の険、そこで彷徨している実態……」といった表現をしています。また、80dB（デシベル）の聴損は「九才レベル頭打ち」の原因であることや、この壁は、聴覚補償の教育で必ず打破されるものと指摘しています。

さらに、異なる号で萩原氏は、聴覚の欠損は、知覚、想像、思考等の面に変容をきたし、その集積は人格形成上にある異常性をつくる、と述べ、この変容が現場に「九才レベルの

壁」を残すことになると指摘しています。同時に、「しかし、聴覚補償の教育の成果が上ってきたことは将来に明るい希望をあたえる」とも述べています（こうした萩原氏の言葉が村井〔1979〕によって紹介されています）。

このように、9歳の壁という問題では、もともとの由来が、ろう教育で指摘されていたことにあったわけですが、いつのまにか、心理学、教育学などの領域での発達のつまずきと重なり合い、近年では脳研究の成果と重ね合わせて、「9歳、10歳の壁」という言葉がつくりあげられたのかもしれません。

しかも、「峠」という表現が、いつのまにか「壁」という言葉になったのはとても興味深く思います。

なぜ、「峠」になるのか

先の記事の内容を受けて、1979年の『ろう教育科学』の21巻3号の113—128頁に、『九才の壁』をめぐって」というタイトルで、問題提起と座談会の様子が載せられています。

大阪教育大学（当時）の村井潤一氏は、ろう教育において「九才の壁」があることを初めて知ったとのことで、普通児においては、具体的操作期から形式的操作期に変わるころと重

第1章　9歳、10歳はなぜ取り上げられるのか？

なることから、同じことが影響しているのではないかということを述べています。

それでは、聴覚障害児の場合には、知的な障害がないにもかかわらず、なにゆえそこで、学力の伸びがとまってしまうのでしょうか。

その理由として、ここでは、聴覚情報がうまく取り込めない原因としては「経験のなさ」をあげています。

村井氏は、その経験のなさの原因は、文化的な問題にあると指摘しています。つまり、西欧的社会にいる子どもの場合は、発達心理学で有名なピアジェ（Piaget）の発達段階理論を前提とした教育がなされている、つまり、感覚運動期、具体的操作期を経て、抽象的な思考ができる形式的操作期に移行していけるような教育が与えられていると言います。

ところがこれに対して、非西欧的文化社会では、こうした発達観を前提としていないため、論理的（抽象的）な思考を鍛えるような教育を与える努力をしていないと述べています。

したがって、論理的な思考ができるようにするためにも、学校教育以前の幼児期に、もっと自由な遊びを経験しておくべきではないかと述べています。

脇中起余子氏（2009）は、『聴覚障害教育　これまでとこれから――コミュニケーション論争・9歳の壁・障害認識を中心に』で、萩原氏らの「9歳の壁」について再度丹念に

表1　年齢と学習や指導の変化

小学校3年生ごろまで	小学校4年生以上
生活中心の学習	基本的な教科学習
具体的思考	抽象的思考
言語指導	教科指導
直接経験学習	間接経験学習
言語を覚える学習	言語でものを考える学習

（脇中起余子　2009より引用）

まとめています。

彼女は、9歳、10歳は、成長の質的転換期であると述べ、9歳を境にしておおよそ考えられる「学習や指導に関する違い」を、表1のようにまとめています。

特に、ここで、聴覚障害児がつまずくのは、ベイカー(Baker, 1993)が指摘しているBICS (Basic Interpersonal Communicative Skills)からCALP (Cognitive/Academic Language Proficiency)への変化の時期と重なると指摘しています（表2）。前者が、いわゆる話し言葉中心の会話能力のことであり、その場の視線や手の動き、身ぶり手ぶりなどの手掛かり（コンテクスト）の支えがある言語能力のことです。また、後者は、学力に結び付いた、コンテクストの支えがない言語能力であると言います。

同じように、この2つの能力を、岡氏（1996）は

表2　言葉の変化

BICS	CALP
話し言葉	書き言葉
一次的ことば	二次的ことば
語用辞典	語彙辞典
限定コード	精緻コード
生活言語	学習言語
高コンテクスト	低コンテクスト
訓読みが多い	音読みが多い

(脇中起余子 2009 より引用)

「伝達言語能力」と「学力言語能力」、山本氏（1996）は、「基本的対人伝達能力」と「認知・学習言語能力」と区別して命名しています。

さらに、岡本氏（1985）は、「子供が自分の内の語用辞典をより豊かにさせながら、さらにそこから、新しい形式の語彙辞典の編集へと進んでゆく過程」と形容し、「一次的ことば」「二次的ことば」という分類をしています。

このように、「9歳の壁」という言葉が、聴覚障害にかかわる教育現場でいちはやく指摘されてきたことは、聴覚障害教育においては自明のことだったようです。特に、聴覚障害の場合には、言葉を獲得していくプロセスが健聴者と異なるための難しさがあるようです。そのため、語彙量の獲得や、日本手話を第一言語として十分に獲得することができれば、9歳の壁は越えられるという

人もいると、脇中氏は述べています。

聴覚障害児は、一つの単語を見聞きした経験回数がどうしても少なく、限られた場面で覚えていかざるを得ないと指摘しています。先述のCALP（書き言葉中心の学習言語）の獲得には、自然で豊かな会話や経験の蓄積、質の高い遊びが必要です。これらの経験を障害児にもより多くさせることによって、「9歳の壁」を越えさせることができるのではないかと示唆しています。

その際、「音韻意識の形成」をするために、日本語で考える習慣を身に付けさせ、パラディグマティックな構造の確立のために（例：猫と犬は動物……）、「シンタグマティックな関係の中での日本語を獲得」させるべきであり（例：猫は「かわいい」……）、「想像力・自分で考えて工夫する力」をつけるために、ごっこ遊びや自由遊びを重視すべきだとしています。

図1では、9歳の壁を越えるためには、高度化と高次化の双方が必要であるという考えが示されています。

高度化は、多くの人とかかわり豊かな経験を重ねる中で、さまざまな情報を取り入れながら経験を重ねていくことであり、生活が中心になります。

そして、高次化は、抽象的な考えや論理的な思考ができるようになり、コンテクストにお

図1 「9歳の壁」と「高度化」「高次化」

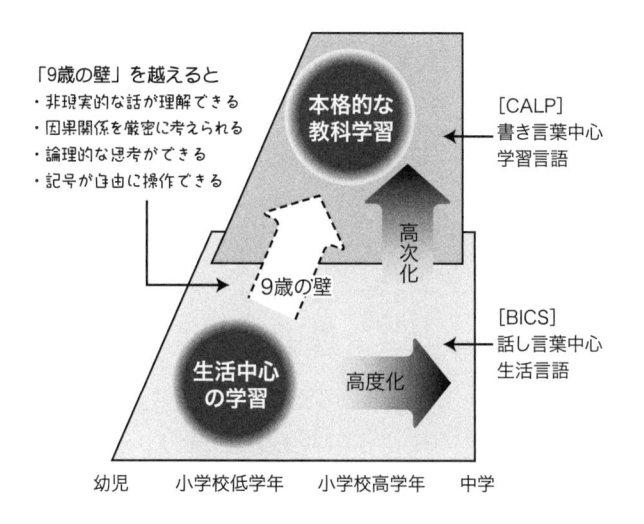

「9歳の壁」を越えると
・非現実的な話が理解できる
・因果関係を厳密に考えられる
・論理的な思考ができる
・記号が自由に操作できる

本格的な教科学習

[CALP]
書き言葉中心
学習言語

高次化

9歳の壁

生活中心の学習

高度化

[BICS]
話し言葉中心
生活言語

幼児　小学校低学年　小学校高学年　中学

(脇中起余子 2009 より引用)

ける理解度を増していくという、教育から得られる伸びを表しています。

したがって、BICS（話し言葉中心の生活言語）を横に充実させていく中で、他のCALPへの伸びが期待できるということが考えられるわけです。

生活中心の遊びが重要な理由

9歳、10歳の峠を越えるために、遊ぶ経験が重要であるという指摘は、とても興味深いものです。

近年、まるで、子どもから遊びを取り去る方がよいかのように、

幼いときから習い事や塾に行かせることが多くなりました。

もちろん、習うことが悪いこととは一概に言えませんが、そうした活動に時間を割くぶん、自由な遊び時間が減っていることは確かです。そしてそれは、大人として自立していくために必要な多くのことを学ぶ時間をそぎ落としている可能性が大きいと言えるのです。

子どもの自由遊びを観察したパーテン（Parten, 1932）は、遊びがしだいに複雑に、また社会的な遊びに変わることを観察しました。何もしていない行動から、ひとり遊び、傍観者的行動、平行遊び、連合遊び、協同遊びへと変化していきます。

平行遊びとは、たとえば、砂場で一緒に遊んでいるかのように近くで遊んでいるのにかかわらず、互いに影響し合わず、類似した遊びをしていることで満足しているような遊びです。

連合遊びでは、互いに関心を持ち合い、おもちゃを貸したり、話しかけたりするようになります。

協同遊びでは、目標を共有して、誰かがリーダーシップをとったり、分担したりして、協力して遊ぶようになります。

また、ピアジェの遊びの理論では、身体を動かし、なめたり、つかんだり、五感をフルに働かせることで満足していた「感覚運動遊び」から、砂をごはんに見立てるなどのイメージ

第1章　9歳、10歳はなぜ取り上げられるのか？

で遊ぶ「象徴遊び」を経て、やがて、ルールを理解したり、共有して遊ぶ「ごっこ遊び」などの規則的な遊びに変化することを明らかにしています。

このように、子どもは、イメージを発達させ、仲間と協力し、しだいにルールや対人関係を築き、維持するためのソーシャルスキルを獲得していきます。幼児期後半には、目標や分担といった協同形態になり、他人の行動や考え方を観察して学ぶようになります。たくさんの人との交流から得る、知識、行動、体験が、後の9歳、10歳以降の抽象的な概念の理解を生み出すのに大いに役立つ想像力の基盤を培っているのかもしれません。

ここまでのことを改めてまとめてみますと、9歳、10歳は、「峠」とか「壁」などという言い方でとらえられてきましたが、必ずしも、ネガティヴな意味合いではなく、質的に「飛躍」できそうな興味深い年齢と考えられそうです。

そこで次の章から、もう少し詳しく、この年齢の特徴について、発達心理学の分野で明らかにされていることをもとに、考えていきたいと思います。

第2章 9歳、10歳ってどんな年齢?

「子ども」ととらえていいか迷う年ごろ

第1章では、最近の文献から、9歳、10歳の壁という言葉がどのように用いられているか、また、どのような背景から、さまざまな領域で用いられるようになってきたか、についてまとめてみました。

さて第2章では、発達心理学では一般的に、この年齢がどのような特徴を持つ年齢として紹介されているかについて、明らかにしたいと思います。

みなさんは、9歳、10歳の子どもから、どんなイメージを抱かれるでしょう?「まだまだ子どもだ」とイメージされる方も多いかと思います。あるいは、生意気で扱いに

54

第2章　9歳、10歳ってどんな年齢？

くい年ごろだというイメージを持つ方も多いかもしれません。実際のところ、小学校高学年に入るころから、つまりこの9歳、10歳の年齢から、しだいに、「この子を〈子ども〉ととらえていいのだろうか」、と迷うような一面をあらわにし始めます。

つまり、どう扱っていいのかとまどってしまうようになり、大人は対応に逡巡するようになるのです。

その年齢までは、ひたすら大人の話すことを信じて、「よーしっ」と前向きにトライしていた頑張り屋さんが、なぜか強気になれず、不安に思い始めるようになります。そしてときには、「自分」も「他人」も信じきれなくなるような、いら立ちや、不安、辛さに苛まれるようになるのです。こうした心の変化は、小学校の後半から見せるさまざまな行動からもうかがい知ることができます。

問題行動に反映される「心の変化」

このような心の変化は、しだいに行動につまびらかに反映されてきます。9歳、10歳になって、件数が飛躍的に増加する大きな問題がいくつかあります。

一つは、暴力行為です。文部科学省の統計で、暴力行為としてカウントされているのは、

生徒間暴力、器物損壊、対教師暴力、対人暴力（生徒間暴力、対教師暴力を除く）です。もっとも多いのが生徒間暴力で、平成17年度では小学校が1,073件に対して、中学校12,960件、高等学校は3,532件です。小学校から中学校へ移行して、10倍以上の件数になっています。加害児童生徒数は、中学3年生がもっとも多く報告されています。2010年にいたっては、過去最高の数にのぼったと報道されています。

また、別の問題として、いじめがあげられます。いじめは、文部科学省によって「自分より弱い者に対して一方的に、身体的・心理的な攻撃を継続的に加え、相手が深刻な苦痛を感じているもの。なお、起こった場所は学校の内外を問わない」と定義されていますが、小学校から学年が進むにつれて多くなり、中学1年生がもっとも多く報告されています。具体的な内容では、「冷やかし・からかい」がもっとも多くなっています。

同様に、10代に増加する問題に、不登校があります。中学3年生がもっとも多く、原因は主に学校生活であり、不登校が継続している理由は、「不安などの情緒的混乱」や「無気力」などが上位を占めています。近年では、「葛藤なき不登校」とも呼ばれ、自分の気持ちや悩みを言語化することができなくなり、現状を打破しようとする意欲が欠けてきたなどと指摘されています。

第2章　9歳、10歳ってどんな年齢？

その他、自殺についても、2010年には、小学校から高校生になるにつれてしだいに多くなります。ついこの最近ですが、2010年には、小学校3年生が自殺をしたと報道されていました。

「心の変化」の背景を知る

それでは、このような問題となる行動の変化を生み出す原因はなんなのでしょうか？　いったい10代になるにつれ、どのような発達的な変化が起きているのでしょうか。

この本では、これ以降、9歳、10歳という年齢がどのような年齢であるのかについて、発達心理学でわかっていることを、身体、自分、認知、感情、友達関係、道徳性……、などの領域に分けて紹介したいと思います。

この、9歳、10歳という年齢は、10代への入り口であり、9歳、10歳の年齢の特徴を明らかにしていくことは、それ以前の、またそれ以降の年齢をも明らかにしていくことと関連してきます。そして、この年齢が必ずしも「壁」ではなく、さまざまな変化のある大事な時期であることをお伝えしたいと考えています。

いたずらに、ビジネスのために利用されるような、臨界期としての年齢ではなく、より積極的に、親や教育者が「おもしろい」と思ってかかわっていきたくなるような魅力的な年齢

であると理解していただきたいと思うのです。

ここでは、特に問題行動に関連付けるのではなく、一般的に心理学で明らかになっている10代の発達的特徴を考えてみましょう。

具体的操作期から形式的操作期へ

ここまでにも少し触れてきましたが、思春期に入ると、思考のしかたが、「具体的操作期」から「形式的操作期」に変わっていきます。「いま、ここ」という具体的に見える現実の世界から、しだいに、頭の中で抽象的に推論できるようになってくるのです。

たとえば、「友情」とか、「自分とは何か」といった抽象的な概念について考えることができるようになります（逆に言うと、それまではこうした概念について考えることが難しいということです）。

知識のうえでも、記号を使った数式などを用いて解決できるようになってきます。しかし同時に、実際には、科学的・論理的に考える力の発達は、かなり個人差が大きいとも考えられています。ですから、日常のこれまでの経験から自分なりに導き出した独自の（誤った）考えに支配されて、科学的な知識を受け入れられず葛藤状況になりやすいところも出てきます。

第2章　9歳、10歳ってどんな年齢？

たとえば、「重さ」には、新たに重さを加えたり除いたりしなければ、つねに変わらないという「保存」の法則があります。この概念を一応は理解しているのに、実際には体重計にのって身体をくねらせて体重を変化させようと試みたり、その日の占いで自分の行動を決めたりします。科学的な教育を受けながらも、その知識を日常の生活の中で活かすには、まだしっくりいかない気持ちを抱いていると考えられます。

友達関係の変化──ギャング・グループからチャム・グループ、そしてピア・グループへ

友達関係についても、10代に入ると変化してきます。「同じ遊びが好き」といった外面的な行動によって一体感が得られる「ギャング・グループ」から、興味や趣味をきっかけに親しくなり、互いの類似性を言葉で確かめ合うような仲よしグループの「チャム・グループ」に変化していきます。

高校生以上になれば、お互いの価値観や生き方など内面的なことも語り合うようになり、共通点だけでなく違いも受け入れるようになる「ピア・グループ」に変化します。時間的展望ができるようになるので、友達友情という概念も10歳ごろから強くなります。関係がうまくいかないと、しばらくは孤独になってしまうなどの見通しを持てるようになり、

友達のことで深く悩んだりし始めます。

友達の視点から自分がどのように映っているのかも気になり、友達に嫌われないように、服装や髪型などを友達の好みに合わせる同調行動が多くなったりします。その反面、自分の主張も強くなり、強いストレスを感じます。

自尊心が低くなる──葛藤体験が成熟の肥やしに

先に見てきたように、10代になると実にさまざまな心の変化が生じます。個人差や性差はあれど、一度に、ときにはたたみかけるような時間差で変化します。

それでは、こうした発達的な変化の何が、10代の問題行動に大きく影響するのでしょうか。すべてが複雑にかかわっているのでしょうが、問題行動の生起には、特に友達からの疎外感や自尊心の不安定さが背景にあるように思います。

発達的に考えると、誰もがこの時期、友達との関係に傷付き、葛藤体験を重ね、自分に対する自信を失い、自己嫌悪になるわけですから、こうした経験は大人へと成熟していくうえでは、誰もが通る必要のある経験と言えるのかもしれません。

しかし、この経験を成熟への肥やしにすることができず、後ろ向きの気持ちにとどまって

第2章　9歳、10歳ってどんな年齢？

しまったり、たまった憤懣をスケープゴートに対して八つ当たり的に、攻撃的な行動で発露してしまうようになることは、避けなければなりません。

つまり、この時期には、葛藤経験を肥やしに、問題を解決していく力を育んでいけるように支援していかなければならないのです。最終的には望ましい友達関係を築き、維持していけるようになるためにも、自尊心を維持し他者に敬意を払う態度を形成し、他者から受容されるよう支援する「ソーシャルスキル教育（Social Skills Education）」を学校に導入することが求められます（後述します）。

第二次性徴と、心身両面の大きな揺らぎ

思春期に入ると、身長や体重がいっきに増加します。これは「思春期スパート」と呼ばれており、約2年間ほど続きます。個人差や性差が大きいものの、この間身長は10センチから20センチも伸びるのです。この成長期が訪れる時期には個人差があるため、身体が大人のように大きくなる者と、スパートが遅れている者との間に、外的な違いが顕わになります。

そのため、大きい子をデカイとか、小さい子をチビとからかうようなトラブルが多くなります。またこの時期と重なるように、性ホルモンの分泌が盛んになり、男子は男性らしい、

61

女子は女性らしい体つきに形態的に変化し、身体の内部の生殖機能が成熟します。これは第二次性徴と呼ばれます。

男性は、男性ホルモンの一種であるアンドロゲンが変化し、これが怒りなどの気持ちや攻撃行動を引き起こしやすく、女性は女性ホルモンの影響で抑うつ的な気分を引き起こしやすくなります。また、異性と親しくなりたいなど異性への関心も強くなります。

こうした、自分ではどうにもできない身体の変化や、大人に近づくという生々しい身体内の変化に、大半の者は、喜びだけでなく、おびえなどの否定的な感情を持ちます。こうした自身の不安定な気持ちは、親や、教師、友達といった周囲からの評価や、受験などの社会的な文脈の影響を受けて、さらに大きな揺らぎをもたらすと考えられます。

つぎの章からは、一つ一つの発達の領域について、詳しく見ていきましょう。

第3章 「自分」って何?——自己意識の変化

自己意識の芽生え

第3章から第7章にかけて、9歳、10歳のころに起きる変化を、一つ一つ詳しく見ていくことにします。まずこの第3章では、「自分」への意識の変化を取り上げてみたいと思います。

自分がこの世に存在することに気付き、自分のとった行動や考えを客観的に省みる自己意識(self-awareness)が、私たちには備わっています。こうした自己意識は、「自分」として、主体的に自律して生きていくためには必要なことです。また、他の人たちがいったいどのようなことを考えているのかという、他人の心の内側を考えるためには、まずは自己を内

省する自己意識は不可欠だと指摘されています(木下、2001)。

こうした自己についての認識に関する研究が盛んになったきっかけには、ギャラップ(Gallup, 1970)の研究があります。彼が行った「マークテスト」と称する鏡を用いた研究が、チンパンジーに自己を認知する能力があることを実証しようとしました。非常に有名です。

どんな研究かと言いますと、チンパンジーの顔に、気付かれないようにそっと赤色の染料でマークを付けておきます。そして、後で鏡を見せて、どんな反応を示すのかを観察するというわけです。

もしも、鏡に映っている顔を「自分の顔だ！」と認識することができれば、鏡ではなく自分自身の顔をぬぐって、赤色のマークを取ろうとするでしょう。

逆に、鏡の中の顔が自分の顔だとわからなければ、そうしたそぶりは示さず、鏡の中の顔をおもしろそうに見たり、鏡にうつっている顔を触ったりするのではないかと予測したわけです。

簡単なテストではありますが、最初にこの論文を読んだときには、「なるほどーっ」とそのアイデアに感嘆しました。

第3章 「自分」って何？——自己意識の変化

そして、これと同様のやり方を人間を対象に用いたのは、アムステルダム（Amsterdam, 1972）という人でした。彼は、ほぼ同時期に偶然、人間を対象として同じようなアイデアを試したそうです。

アムステルダムの研究では、3～24カ月の乳児を対象にして、母親が乳児の鼻に口紅（ルージュ）を付けてから、鏡を見せて検討しました。その結果、21カ月以降の6割の子どもが、自分の鼻を拭う、といった行動を示しました。鏡の中の顔を自分の顔だと理解することが、すでに2歳近くでできることが明らかになったのです。

鏡の中の顔と自分の顔を同じだと認識できるようになることは、自分の動きと鏡の中の像の動きが随伴している、ということを手掛かりに考察できることを示します。口をゆがませれば、鏡の中の像も口をゆがめます。髪をクシャクシャとかきむしれば、鏡の中の像も同じことをすることに、ある日あるときに気が付き、「これは自分の顔なんだ」と判断できるようになると考えられるのです。

鏡による自己の認識は、生後24カ月までに可能になることがわかっていますが、成長とともに、自分を時間的なつながりを持つ存在としても理解できるようになることがわかっています。

図2　調査のようす

たとえば、図2に見られるように、ビデオで撮影した映像を後で提示した場合に、数分前に自分の額にマークが付いていたことを録画から悟り、自分の額のマークを取ろうとする行為が、4歳以降になると見られることが明らかになっています（Povinelliら、1996）。

つまり、家庭のホームビデオを見ているときに、「あー、これ僕だ！ わっ、口のまわりにソフトクリームが付いてるよ。気がつかなかった」と言って自分の口を拭う、といったように、自分を振り返って今の自分につなげることができるのは、4歳ごろというわけです。

図3　加齢にともなう自己意識の変化

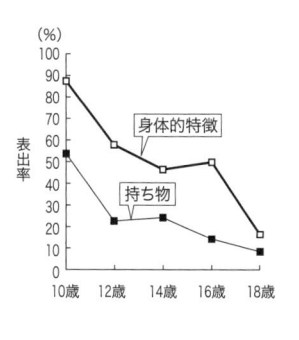

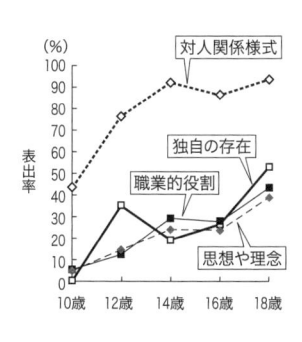

(Montemayor & Eisen. 1977 より引用)

外面的な自己意識から内面的な自己意識へ

自己意識の変化については、モントメイヤーら(Montemayor & Eisen, 1977)の研究が興味深い研究です。

「私は誰ですか?」といった20答法と呼ばれる文章完成法が用いられました。その結果、図3に示されるように、小さいときは、「自分は大きい」とか「背が高い」「カバンを持っている」などの身体的な特徴や持ち物などを、自己を表すものとして書いていました。

これに対して、児童期には、自分のことを尋ねられると、「友達がいっぱいいる」「おもしろい友達がいる」「すぐに仲よくなれる」など、対人関係にかかわる特徴や能力を表現するようになることがわかりました。さらに青年期になると、「自分は明るい」

といった自分の性格や、人生についての思い、考え方などを語ろうとすることが多くなります。

9歳以上になると、過去のことについては、単に「……だった」だけではなく、「……だった。そして、悲しい気持ちになった」といった気持ちや感情を加えて記述するようになります。

さらには、「弟が生まれたから、もう前のように甘えてはいけない」といった、過去のある点までと、これからは違うんだぞ、といった時間的な流れも汲めるようになります。未来に対しても、現状を自分なりにとらえて、「今は、逆上がりができない。でも、がんばる」といったこれからの努力を述べたりするようになります。

自尊心の高まり──「ほどほど」を求めるバランス感覚

自尊心は、「自己についての全体的な評価」と考えられています。同じような意味として、自己価値（self-worth）や自己像（self-image）とも言います。

ローゼンバーグ（Rosenberg, 1965）は、自尊感情を「自己イメージの中枢的概念で、特定の一つの対象、すなわち、自己に対する肯定的または否定的態度」と定義しました。そし

第3章 「自分」って何？──自己意識の変化

て、一般的な意味とは違って、肯定的な感情だけではなく、劣等感、不満などの否定的な感情も含むと考えています。

つまり、自分のよいところだけを取り上げているのではなく、自分の長所も欠点も含めた、自分について持っている評価ということになります。

そのうえで、自尊心について、二つの意味を指摘しています。

一つは、自分を「非常によい（very good）」と考える意味と、もう一つは、「これでよい（good enough）」と考える意味です。

前者は、他人と比較し、相対的に優れていることが背景にありますが、後者は軽蔑する自分に陥(おちい)らなければ、それでよいのだといった意味です。つまり、人は完全でなくてもよい、といった意味合いを持ちます。

人はつい、理想的なよい自分を求めすぎてしまいますが、そういう状態ですと自尊心を低下させることにつながりやすくなります。

しかし、「不得意なところもあるし、結構いけるところもあるなあ。まあ、こんなくらいでいいんだ」というバランスのある感覚を持つことは、自尊心の維持に大切なことです。いわば、「まあ、いいや」「こんなもんでしょう」といったバランス感覚が大事だということで

す。

こうしたバランス感覚は、周りからのフィードバックや評価に影響されることが多いですから、9歳、10歳ごろは、あまり完璧を求めず、悪いところもよいところもひっくるめて、おおらかに認めてやることが重要です。

自分について、さまざまな側面に分けて評価できるようになる

自尊心の研究には、実に多くの研究がありますが、ここでは発達的な視点から明らかになっている研究を取り上げましょう。

ハーター（Harter, 1982）は、子どもたちにとって重要な領域として、4つの側面をあげています。すなわち、「認知的コンピテンス」「社会的コンピテンス」「身体的コンピテンス」（コンピテンスは潜在的能力のこと）「全体的自己価値」です。

もう少し具体的に説明しますと、「認知的コンピテンス」には、学業、記憶、読みの理解などが含まれます。勉強ができる、記憶がよい、スラスラ読めるといった、自分の能力に対する評価です。「社会的コンピテンス」は、友達が多い、人気がある、などの対人関係にかかわる領域です。「身体的コンピテンス」は、スポーツや身体にかかわる能力について、「全

第3章 「自分」って何？――自己意識の変化

体的自己価値」は、自分についての総合的な満足にかかわる内容です。

この4つの領域について、第3学年から第9学年（およそ9歳から15歳）を対象に自尊心について調べられました。その結果、9歳以上の子どもたちは、すでに自分のコンピテンスを、領域別にそれぞれ区別していることが明らかになりました。

つまり、9、10歳になれば、「自分は、勉強はからきしだめだけど、運動は得意だ」といったように、それぞれの領域を分けて、得意や不得意についての自分の考えを持つようになるというわけです。

したがって、大人の安易な評価や励ましは、逆に子どもの不信感をつのらせることになります。子ども自身が、これはちょっと不得手だなと思っていることに、「すごいねー、できてるよ」と安易に声かけをしても、調子にのるというよりは、逆に声をかけた大人に対して、「いいかげんな人だ」といった不信感を持つというわけです。

ですから、子ども自身が自分をどのようにとらえようとしているかを理解してやり、子どもが悩んでいれば、どういう考え方をすればよいかを一緒に考えてやる、という態度が必要です。

また、ローゼンバーグ（Rosenberg, 1979）は、8歳から18歳までの子どもを対象にして

図4　自尊心の加齢による変化

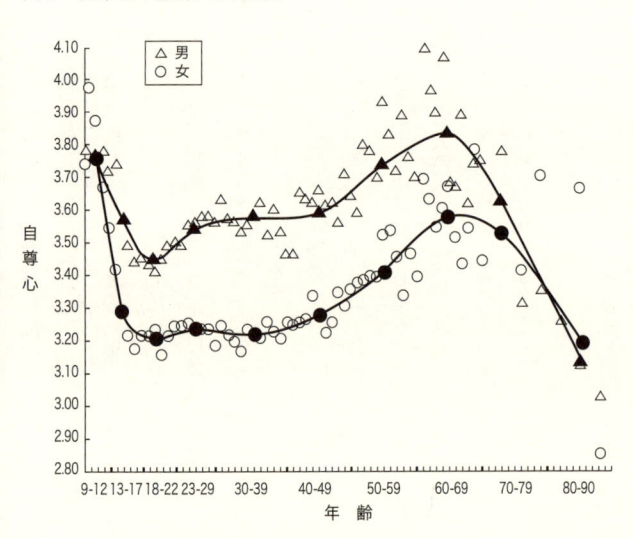

(Robins, Trzesniewski, Tracey, Gosling & Potter. 2002 より引用)

自尊心の調査をしていますが、自尊心は8歳から12歳にかけて低下することを報告しています。

さらに、9歳から90歳までの自尊心の変化を見た研究があります が (Robins, Trzesniewski, Tracey, Gosling & Potter, 2002)、図4のとおり、9〜12歳で男女とも低下していることが明らかです。

これは、9歳、10歳ごろになると、自分の未熟なところや弱いところも自分の目にすべて映るようになり、自己に厳しくなるためだと考えられます。

したがって、10歳ごろには、自

第3章 「自分」って何？──自己意識の変化

分にはさまざまな側面があることを認識し、そして各側面について評価しつつも、同時に全体的な評価も行っているということがわかります。運動は得意で誇らしいが、勉強は思ったようにいかない、といったような自覚をしているということです。

ただし、すべての領域を包括的に理解しながらも、ときには、あることができない苦しみが、自分についての評価全体を低くしてしまうこともあります。ですから、周囲にいる者は、自分の一部だけに目を向けるのではなく、もっと全体に目を向けるようサポートしていくことが必要です。

また、周囲からの厳しい評価を感じたり、自分に対する嫌悪感なども持つようになり、自尊心が低くなりがちの難しい時期を迎えるとも言えるでしょう。自分自身についての評価は、客観的な情報と、その情報の主観的な評価とを併せもってつくられます。ですから、周囲にいる者は、つとめて、子どもが価値ある存在として自身を受け入れられるように、子どもたちをサポートしていくことが大切です。

特に、思春期に入ると、評価そのものについてよりも、「誰」から言われるかが気になるものです。親よりは、好きな友達の評価が気になったりします。親に買ってもらった洋服を、結構気に入っていたのに、学校で好きな友達から「だせぇ」と言われただけで、もう絶望を

感じてしまうという具合です。そして、「その日から着ていくのをやめてしまう」という行動に出ることにもなるのです。

ファッションは一例ですが、大人から見ればささいなことでも、仲間から受け入れられないと深く傷付き、自信を失ってしまうこともあります。これに対し、仲間から肯定的に評価されると、ぐぐっ！と自尊心が高まったりします。

自己を知り、人の心を知る──「心の理論」

人は誰でも、日々の生活の中で、外側から見ることのできない人の心の中の状態を、あれこれと推測しています。たとえば、「この人は何を目的に勉強しているのだろう」「この人はどんな知識を持っているのだろう」、あるいは、「いったいこの人は何をしようとしたんだろう」といったことを推測しているわけです。

そして、いろいろな経験をもとに、心がどのような状態にあるときに、人はどのような行動をするのかといった推測を重ねながら、ある規則性を理解していきます。

たとえば、「友達は、さびしいときはいつも体育館の裏で、壁にボールを当てて一人キャッチボールをしている」などと理解していくわけです。

第3章 「自分」って何？——自己意識の変化

こうした推測ができるようになるのは、それまでに、何度もそうした友達の状況を目にしていたり、エピソードがあったことから、こうした安定した知識になるわけです。さらに、個人差はあるにしても、「人は、悲しくなると一人になる傾向がある」といった一般的な規則性も理解していくようになるのです。

さらに、たとえば、誰かをあざむくような行動ができるようになるということは、「○○すれば、□□くんは△△と思い込み、きっと××の行動をするだろう」といった複雑な推測ができるようになっていることが前提となります。

あざむくという行動については、プレマックら（Premack & Woodruff, 1978）が、チンパンジーなどの霊長類を対象におもしろい研究を行っています。そして、チンパンジーでも、仲間の心の状態をちゃんと推測していることを明らかにしています。それ以降、「心の理論（theory of mind）」と提唱されるテーマで多くの研究が重ねられています。

もう少し具体的に話しますと、すでに人間は、2、3歳になると、こうした心のはたらきについて理解し始めるようになることがわかっています。たとえば、自分のことではなくても、他人が他人の目の前にあるものを見ている（知覚）ことを理解するようになります。

また、おもちゃなどもそうですが、人には欲しいものがあれば獲得しようとするところが

図5 マクシ課題

(Wimmer & Perner. 1983 より引用)

ある、つまり、「願望」というものがあることもわかるようになるのです。あるいは、「おにいちゃんが悲しそう」というように、他人の感情を「表情」から区別するようにもなります。そしてこうした心の働きは、しだいに行動ともつながっていきます。

幼児を対象にしても、さまざまな課題で検討されていますが、パーナーら（Wimmer & Perner, 1983）は、「マクシ課題」という課題を用いました（図5）。

「マクシは、お母さんの買い物袋をあける手伝いをしました。マクシは、チョコレートをどこに置いたかをちゃんとおぼえています。その後、マクシは遊び場に出かけました。マクシのいない間に、お母さんは〈緑〉の戸棚

図6 サリーとアン課題

① サリーは黒い箱にお菓子を入れました。
② そして、サリーは遊びに出かけました。
③ アンは黒い箱からお菓子を取り出し、白い箱に入れました。
④ サリーが帰ってきました。さて、どちらの箱を開けるでしょう？

からチョコレートを取り出し、ケーキをつくるために少し使いました。お母さんはそれを〈緑〉の戸棚に戻さず、〈青〉の戸棚にしました。お母さんは、足りない卵を買うために出て行きました。マクシはお腹をすかせて遊び場から戻ってきました。マクシはお腹をすかせて遊び場から戻ってきました。マクシはお腹をすかせて遊び場から戻ってきました。という話を聞かせ、「マクシは、チョコレートがどこにあると思っていますか」と尋ねるわけです。

類似した課題として、「サリーとアン課題」(Baron-Cohen, Leslie & Firth, 1985) があります (図6)。これらの研究結果から、3〜4歳

図7 ジョンとメアリー課題

（アイスクリーム屋さんは公園にいるわ。）

メアリー

ジョン

では大半がこうした課題にうまく答えられませんが、4～7歳にかけては正答率が高くなるという結果が示されています。

推理小説が楽しめるようになる背景

児童期については、パーナーとウィマー (Perner & Wimmer, 1985) が、「Aさんが……と信じているとBさんは信じている」という二次的信念の理解について検討しています（「ジョンとメアリー課題」図7）。

「ジョンとメアリーは公園で遊んでいました。メアリーはアイスクリームを買いたかったのですが、お金がありません。アイスクリーム屋さんは、メアリーに〈後でお金を持ってくるといいよ。ずっとこの公園にいるから〉と

第3章 「自分」って何？——自己意識の変化

言いました。メアリーは家に帰って行きました。ジョンは公園に残っていましたが、アイスクリーム屋さんがワゴン車で公園から移動しようとしているのを見て驚き、〈どこへ行くの？〉と聞きました。アイスクリーム屋さんは〈ここではアイスクリームを買ってくれる人が少ないから、教会の前に行くんだよ〉と言いました。

教会に移動する途中、メアリーに出会ったアイスクリーム屋さんは、〈教会に移動するので、そちらに買いにおいで〉と言いました。ジョンはこのことを知りません。しばらくして、ジョンはメアリーの家に行きました。玄関にメアリーのお母さんが出てきて〈メアリーはアイスクリームを買うと言って出て行ったわ〉と告げました」

質問は、「ジョンはメアリーを探しに行きました。ジョンはメアリーがどこに行ったと思っているでしょうか」というものです。正解は、「ジョンは、メアリーが『アイスクリーム屋さんは公園にいる』と考えて公園に行った、と思っている」です。想像しながら読めば簡単なように感じられますが、こうした二次的信念課題は、9、10歳ごろにようやく可能になることが明らかにされました。

したがって、「Aは、Bが○○と考えている、と思っている」ことを理解することは、9歳、10歳ごろからできるようになることがわかりました。この時期、こうした二次的信念が

難しいと、日常生活における友達関係などで、しょっちゅうトラブルを起こしがちになることが予想されます。

また、名探偵ホームズや怪盗ルパンのような、推理小説を楽しむためには、こうした二次的信念が必要になってきます。「ルパンは、××というトリックで、警察に〇〇と信じさせているが、これを△△警部は見破っている」といったような理解です。これができないと、わけのわからないややこしい話になってしまうからです。

9、10歳になると、こうした理解ができるようになることから、図書館でのこうした推理物の貸出率も小学校中学年から上がってくるのではないかと想像できます。

セルフ・コントロールの発達と「がまん」

他者と円滑な対人関係を築いていくためには、自己を制御したり、同時に自己を主張していったり、という両面が重要になります。

こうした、「がまん」のような行動を抑える抑制的側面と、目標を掲げて努力し続けたり、社会的に望ましい行動を行うようにするなどの目標志向的側面の双方を持つ概念として、「セルフ・コントロール」という言葉があります。

第3章 「自分」って何？——自己意識の変化

社会的認知理論を唱えた、バンデューラ (Bandura, 1986) は、自己制御の能力は、状況、対人関係など環境との相互作用の中で獲得すると考えました。たとえば、乳児期を例に考えてみると、乳児期はまだこのセルフ・コントロールを学習していません。

1、2歳で、言葉を獲得し、歩行ができるようになると、探索欲求が強くなり、危険な行動が多くなります。そのため、たびたび親から危険なことを注意されるようになり、しだいに、「道路にはとび出さない」「信号が青のときに渡る」といったことを学習するようになるわけです。

また、朝早く起きたり、食事の前に手を洗ったり、など日常生活において必要なことや、順番を守る、公共の場で大騒ぎしない、などの社会的なマナーを、しつけを通して身に付けていくようになります。

このセルフ・コントロール研究を精力的に行っている研究者にミッシェル (Mischel, Ebbesen & Zeiss, 1972) がいます。彼は、満足の遅延 (delay of gratification) について研究しています。

3歳から5歳の幼児に、欲求不満となるような課題を与えて、待つか、それとも、待たないかの選択を決定させ、その後の行動を観察しました。

図8 誘惑への抵抗

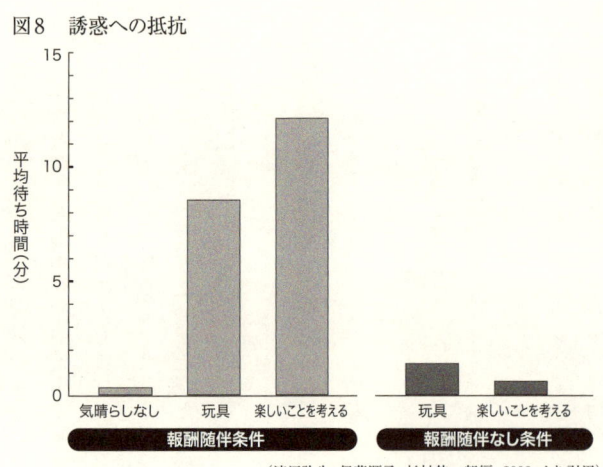

(渡辺弥生、伊藤順子、杉村伸一郎編 2008 より引用)

その結果、報酬が随伴する条件では、気晴らしがないと待つことができず、待ち時間がきわめて短い結果となりました。また、玩具で遊ぶなどの気晴らしの活動よりも、「楽しいことを考える」など、認知的に気晴らしをしたときの方が、長くがまんできることが明らかになりました（図8）。

さらに、認知的気晴らしに焦点を当てて、「楽しいことを考える」「悲しいことを考える」「報酬を考える」という条件を設けて比較したところ、「楽しいことを考える」群でもっとも長く待つことができるようになったのです。

さらに、食べる報酬に対しては、食べることにつながるような喚起的表象（味とか、に

第3章 「自分」って何？——自己意識の変化

おいなどのイメージ）を思い浮かべないように、抽象的な表象（長い、丸いといった情報）に置き換えて考えるようにさせると、気晴らしをする以上の効果を持つことも明らかにされています。

というわけで、がまんしたいときには、楽しいことを思い出しつつ、しかも、具体的ではなく、デフォルメしたような抽象的なものに置き換えてみると効果があるということです。

ほかにも、「がまん、がまん」と声を出したり、見ないように目そらし作戦をとることも効果があると思います。

ですから、これらをしつけに応用するとすれば、単に「がまんしなさい」と注意するよりも、むしろ、こうした知恵を子どもたちに教えてあげると、教育的な効果が期待できるでしょう。

自己主張と自己決定感

がまんするといった自己抑制と並んで発達する側面に、自己主張があります。1歳半から3歳にかけて、「第一次反抗期」と呼ばれるように、「いや」といった自己主張が強く見られるようになります。

親の意向を理解せず、すべてのことに、繰り返し「いや」と主張するエネルギーに、しばしば親は閉口してしまいます。しかし、こうした自己主張は、自分の意思を通せる場合と通せない場合とを区別する力を付けるうえで重要なのです。強い思いがぶつかり合うからこそ、他者の存在を感じ取ることができるようになりますし、自分がどのような意思を持っているのかという自己理解も深まると考えられます。

3歳、4歳になれば、友達への配慮もできるようになり、「一緒に」といった言葉が出るようになります。自己の欲求を抑えて、他者と協力できるようになるのです。

セルフ・コントロールの機能は、先にあげたように、欲しいものがあっても待てる（満足の遅延）、決まりを守る、悲しくても怒っても感情を爆発させない、などの自己抑制的な側面と、いやなことや他の人と違う意見を伝えられる、他の子を誘って遊ぶ、などの自己主張的な側面の二種類があると考えられています（柏木、1988）。

この自己主張は、3歳から4歳半にかけて急激に高まり、その後はあまり大きく変化しません。これに対して自己抑制の側面は、3歳から小学校入学までなだらかに高まります。二種類の力が異なった発達的変化を示すことが理解できます。

性差を見ると、女子の方が（自己主張では4歳児においてのみ逆転していますが）、自己

第3章 「自分」って何？――自己意識の変化

主張も自己抑制も、男子より高くなっています。これについては、他者への共感や仲間との協力を女子に重視する、日本の親のしつけや発達期待からではないかと考えられています。

小学生が、どれくらい自分の行動を自分でコントロールしているかについて調べている研究では、朝の着替えなどは、9歳、10歳以上は自ら行っており、自分で決定してやりたいと考えていることがわかります。「人に言われるとやる気が出ない」と答える子どもたちが多いことから、この自己決定感は、やる気を持つうえで重要だと考えられています。よく、親は先回りして、「宿題やりなさいよ」とか「部屋を片付けなさい」と言いますが、やろうと思っている時に先にこれを言われてしまうと、たいてい「今、やろうと思ったのに」と一気にやる気を失ってしまうのがこのころの特徴です。

ジェンダーの発達

生物学的な男女の違いをセックス (sex) というのに対して、社会的・文化的な違いをジェンダー (gender) と呼び、区別されています。

ミード (Mead, 1961) は、古典的研究である『男性と女性』の中で、異なる文化における「ジェンダー役割の異なり方」を「ある時は、男子が非常に脆弱で大切に育てる必要があ

るとされ、ある時は女子がその様に考えられた……」といったように描写しています。また、サモア人の思春期を観察し、性のタブーのないところでは葛藤がないことを発見しました。

自己理解というときに、こうしたジェンダーは密接に関連していると考えられています。社会や文化の中でよりよく生きていくために、社会において期待される役割や行動（性役割）を学ぶことは、自己理解を深めるうえで、ときに悩みのもとになることも多いものです。

しかし、生きるうえで直面する、必要なカテゴリーとして考えられます。

この概念は多くの領域からなりたっています（相良、２００２）。自分にふさわしい玩具や遊びを選んだり、服装、行動、職業などの選択を通しても、自分らしさを表そうとするようになりますが、そうした行動とも結び付いてくる概念です。

性役割の概念についての理論としては、大きく二つの古典的な理論があります。

一つは、「社会的学習理論」（後には、社会的認知理論）であり（Bandura, 1986）、子どもがそれぞれの性にふさわしい行動をしたときに強化が与えられ、さらに、自分と同性の人物をモデリングすることで性役割を学習していくと説明されます。

たとえば、男の子は、電車のおもちゃで遊んでいると「男の子だねー」とほほえましく評価され、女の子は、ピンクのかわいらしいスカートをはいていると「かわいいね」と声をか

第3章 「自分」って何？——自己意識の変化

けられるような経験が多いものです。こうした経験を重ねていくうちに、単純に同性のモデルを模倣するというよりは、自ら価値あると判断した行動を採用すると考えられます。

もう一つの理論は、「認知発達理論」(Kohlberg, 1966) です。子どもの認知能力、特に性概念を理解する認知能力に焦点を当てています。

この理論をもとに、性の恒常性の理解について検討した研究があります。性の恒常性というのは、性の同一性（どんな人も男性か女性のどちらかである）、性の安定性（男の子は男の大人になり、女の子は女の大人になる）、性の一貫性（男性か女性であることは、状況や個人的な動機が変わっても変化しない）という3段階があります。

スラビーとフレイ (Slaby & Frey, 1975) が、2歳から5歳までの子どもを対象に、次頁の表3にあるような質問をしましたが、その結果、まず最初に、性の同一性が理解できるようになり、つぎに安定性、さらには一貫性といった段階的な理解の道筋があることが示唆されました（表4）。

1980年代に入って、認知を重視し、上記の二つを統合するような理論として、ジェンダー・スキーマ理論が提唱されました (Bem, 1981)。ジェンダー・スキーマとは、文化が

表3 性の恒常性に関する14の質問

性の 同一性	1. と 2. 子どもの男女の人形それぞれ（1.2.）について これは女の子ですか、それとも男の子ですか。 これは、（もし、被験者の最初の回答が「女の子」であれば「男の子」というように反対の性を聞く）ですか。
	3.〜8. 成人男女の人形（3.4.）、2人の成人男性と2人の成人女性の写真それぞれ（5.〜8.）について これは女の人ですか、それとも男の人ですか。 これは、（最初の回答と反対の性）ですか。
	9. あなたは女の子ですか、それとも男の子ですか？
性の 安定性	10. あなたが小さい赤ちゃんだった時、あなたは小さい女の子でしたか、それとも男の子でしたか。 あなたは、小さい（最初の回答と反対の性）だったことがありますか？
	11. あなたは大きくなったら、ママになりますか、それともパパになりますか。 あなたは、いつか（最初の回答と反対の性）になることがありますか？
性の 一貫性	12. もしあなたが（被験者と反対の性）の服を着たら、女の子になりますかそれとも男の子になりますか。 もしあなたが（被験者と反対の性）の服を着たら、（最初の回答と反対の性）になりますか。
	13. もしあなたが（被験者と反対の性）の遊びをしたら、女の子になりますかそれとも男の子になりますか？ もしあなたが（被験者と反対の性）の遊びをしたら、（最初の回答と反対の性）になりますか？
	14. もしあなたがなりたいと思えば、（被験者と反対の性）になれますか？

（渡辺弥生、伊藤順子、杉村伸一郎編 2008 より引用）

表4 3つの質問領域に基づく性の恒常性尺度

平均月齢	質問領域			(%)		
	性の同一性	性の安定性	性の一貫性	男子	女子	合計
34	−	−	−	9	16	13
47	＋	−	−	26	16	20
53	＋	＋	−	17	31	25
55	＋	＋	＋	48	34	40

(渡辺弥生、伊藤順子、杉村伸一郎編 2008 より引用)

定義する性役割に依拠しながら、情報を符号化・体制化するときの枠組みを言います。

「すぐに泣かなくて、さすが男の子だ」「小さい子にやさしいね、さすが女の子だ」といった、性と関係付けられた大人の接し方などが影響して、性役割に関する固定観念が形成されると考えられます。

ベムは、男女とも男性的でも女性的でもある、両性具有が望ましい「アンドロジニー・モデル」(androgyny model)を提唱していますが、これは、男らしさ、女らしさを一次元に対極するものとしてとらえず、誰の中にでも、この両性性が同時に存在しているものとしてとらえる考え方です。

ジェンダーに影響を与える要因としては、仲間からの影響やメディアの影響が考えられます。

異性の遊びをしていると、友達から非難されたり、からかわれる可能性が高く、反対に、その性にふさわしい活動は仲間から認められる傾向が高いものです。9歳、10歳ぐらいになると、思春期に近

くなり、同性からの目に加え、異性からの目を区別して気にするようになります。このような傾向は、青年期においても高まると考えられます。

このように、その時代や文化の中で、自己をどのように理解していくかは、人生のどの時期においても、よりよく生きるうえで重要なことです。またこの自己理解は、他者との関係や他者の理解と裏表でもあることからも、人間の関係性の中で学ぶべきことでしょう。

◎「自分」の発達における9歳、10歳

自分だけではなく、他人を自分のことのように考えたり、他人の心を行動から予測したりすることができるようになります。つまり、人の行動の背景にある、感情や考え方まで想像することができるようになります。

また、自分に対しても、他人から見るような視点の取り方ができるようになり、自分のだめなところを客観的に見られるようになります。

そのため、ときには、劣等感が強まり自尊心が下がります。ただし、自分を領域など複数の視点から見られるようになることで、「国語はいいけど、スポーツはだめ」といった見方をしたり、時間においても「先週はだめだったけど、今週は調子がいい」といっ

第3章 「自分」って何？──自己意識の変化

> た見方ができるようになります。
> さらには、自分の性について多くの関係の中でとらえていくようになります。親だけではなく、同性や異性からの評価の影響を受けて、行動も規定されていきます。

第4章 「考える力」の急成長──認知の変化

考える力の変化──「具体」から「抽象」へ

考える力は9歳、10歳前後で変化すると言われますが、いったいどのように変化していくのでしょうか。

毎日あれこれと考える内容は、日々環境によって影響を受けます。もちろんこうした内容は、幼児と児童、児童と青年というように、年齢によってトピックスは違うでしょう。幼児は、おもちゃのことばかり考えているかもしれませんし、児童は宿題のことかもしれません。つまり、年齢によって、気にかかる内容は違います。しかしそれ以上に、考える力が、年齢とともに変わっていきます。

第4章 「考える力」の急成長──認知の変化

考える力、「思考」の発達には、質的な発達段階があることが研究で明らかになっています。考える力の発達で有名な理論は、本書でこれまでにもご紹介しています、ピアジェによるものです。

考える力の発達は、10歳前後に転換期を迎えます。先にも述べましたが、7歳から11歳までは、「具体的操作期」という段階にありますが、11歳以降は「形式的操作期」の段階に移行します。

具体的操作期というのは、見たり、聞いたり、経験したことやものについて考えるときに、具体物を用いて、あれやこれやとシンプルに考える時期です。

算数であれば、足したり引いたりといったような、具体的な操作、スキルを、かなり積極的に身に付けていく時期です。イメージを変えてみたり、もういちどやりなおしてみる、などの再構成をして、論理的な結果を導いていくという活動が活発になるわけです。

ですから7〜11歳ぐらいまでのこの時期には、身の回りの事物をよく観察させて、いろいろな発見や体験の機会を増やしてあげることが大切です。事物を通して、生々しい体験を重ねることが、後に抽象的な認識に結び付く基盤となります。

ものや事柄についてのシンプルな素材の理解は、いわば、「点」の学びですが、その「点」

の理解が、やがて点と点を結ぶ「線」の理解となり、さらには、「関係付ける」イメージを持てるようになるのです。こうした情報処理の方法も、年齢とともに変わってくると考えられます。

「保存」や「系列化」の理解が深まる

また、この「具体的操作期」の後半には、ちょっとなじみがないかもしれませんが、「保存」という概念を子どもたちは獲得することができるようになります。

図9を見てください。AとBの同じ大きさの入れ物に、これまた同じ量の液体が入っています。そして、Bの入れ物から別の入れ物Cに移し替えたとします。このときに、もとの入れ物の中の液体と、移し替えた後の入れ物の中の液体の量に変化があるか、といった質問をします。

そのときに、Cの入れ物が細長いことから、液体の見かけの高さが高くなるのを見て、「増えた!」と思ったり、細長くなったので「減った!」と思う子どもたちは、まだ「保存」の概念を獲得していないことになります。見かけの液体の形が変わろうとも、同じ液体の量だ、と答えることができる場合に、「保存」の概念が獲得できたということになります。

図9　「保存の理解」(テストの例)

	相等性の確定	変形操作	保存の判断
液量	容器の形や大きさの変化によっても、その中の液量は変わらない。		
液量	A　B／どちらも同じ入れ物の中に色水が同じだけ入っていますね。	入れる／こちらの色水を別の入れ物に全部移し替えます。	さあ、色水はどちらも同じだけ入っていますか。それともどちらが多いかな。
数	集合内要素の配置の変化によっても、その集合の大きさは変わらない。		
数	○○○○○○○○／●●●●●●●●／白色の石と黒色の石とでは、どちらも数が同じだけありますね。	○○○○○○○○／●　●　●　●　●　●　●　●／←広げる／いま、黒色の方を並べ替えてみます。	○○○○○○○○／●　●　●　●　●　●　●　●／さあ、白色と黒色とでは、その数は同じですか。それともどちらが多いかな。

(野呂正 1983 より引用)

液体の量と同様に、「数」においても「量」においても、9歳、10歳までは、見た目や直観に左右されてしまい、変わらないことを確信できなかったのが、しだいに、「あらたに加えたり取り去ったりしないかぎり、変化しない」ということをしっかりと考えることができるようになるのです。

また、考えるうえで大切な「系列化（seriation）」についての理解が深まります。これも言葉は難しいですが、単純なことです。

たとえば、学校では、先生は「廊下に出て、背の高さの順に並

びなさい」といった指示をよくしますが、こんな簡単なことが、実は、7歳ぐらいの、小学校に入ったばかりの子どもたちぐらいの段階では難しいのです。

「太郎ちゃん、僕より高いね」「あっ、次郎ちゃんも、僕より高いね」「あれっ、誰が一番高い？　えーむずかしい‼」といった感じになります。

ところが、9歳、10歳になれば、誰が身長何センチかといった客観量を互いに述べて、短い時間で順番に並ぶことができるようになるのです。

つまり、系列化とは、客観的な基準をもとに順番に並べる力のことです。小学校に入って、このような生活経験を重ねるにつれて、しだいに、身長や体重といった数値を系列として並べることができるようになります。

記号での比較や仮説、論理的思考実験が可能になるのは11歳以降

9歳、10歳ごろまでは、目に見える具体的なものについては能力を発揮できるのですが、抽象的なことについては、降参！　ということが少なくありません。

たとえば、まる子ちゃんは、ひろ子ちゃんより背が高く、ひろ子ちゃんはしかく子ちゃんより背が高いんだから、「まる子ちゃんは、しかく子ちゃんより背が高い！」と理解できま

第4章 「考える力」の急成長——認知の変化

つまり、連続した順序において、要素間の関係を推測する能力である「推移 (transitivity)」において、抽象的な要素でも理解できるようになるのは、11歳の形式的操作期を待たなければならないわけです。11歳以降になりますと、考えや命題といったことについて、心の中での心的活動ができるようになります。

このように、具体的操作期においては、形式的操作期の段階になると、現実と食い違うような仮想的な、仮説といった認識を持つことができるようになるわけです。

こうした力は、10歳以降、どんどん伸びていきます。いったんできるようになると、問題解決においては、抽象的かつ体系的に考えられるようになります。ある問題について、まず、考えられるあらゆる解決方法を想定しながら、つぎに、もっとも正しい解決にいたるように、論理的に調べていくといったこともできるようになります。

図10は、有名なピアジェの振り子課題です。「振り子の振動数を決めているのは、なんでしょう?」という質問をすると、具体的操作期の子どもたちは、「糸の長さじゃない?」と

図10 振り子課題

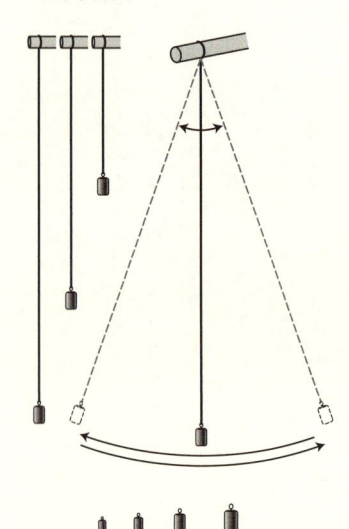

振り子の振動数を決定している要因を発見する課題での被験者EME（15歳1カ月）の事例。
［EME：まず100gのおもりを長い糸と中くらいの糸につけて振り子の揺れる速さを比較した。次に20gのおもりで長い糸の場合と短い糸の場合を比較し、最後に200gのおもりで長い糸と短い糸の場合を比較した。そして、糸の長さが振り子の振れる速さを決定していて、おもりの重さは関係ない、と述べた。］
このように要因の組織的な組み合わせや統制実験が可能になるのは形式的操作期になってからである。

（川島一夫編 2001 より引用）

か「おもりの重さじゃない？」といったことについては気が付きます。いろいろ糸の長さを変えてみたり、おもりの重さを変えてみる実験も考えることができます。

しかし、糸の長さとおもりの重さといった二つの変数が同時に関係することを考え付くことが難しく、関係性を調べるために、いずれかの変数を統制しなければいけないと考え付くことができない場合が多いようです。

ところが、形式的操作期になると、一つの変数を統制して、単独で重さが振り子の振動数に関係し

第4章 「考える力」の急成長——認知の変化

ているかどうかを実証するべきだと考え付くようになり、そして、実際に実験計画を立てて確かめるといったことができるようになります。

社会的な考えも抽象的に——頭でっかちな悩める人

この時期になると、こうした「物」についての法則性だけではなく、心理的な側面や対人関係についても抽象的に考えられるようになります。つまり、目に見えない「人の心」についても深く考えられるようになるのです。

他人の行動を見て、何を思ってそのような行動をしたのだろうといったことを思い悩んだり、自分と他人の考えることが必ずしも一致しないことに気付いて考え込む、といったことも経験します。そのため、「人とかかわっていくのは難しいなぁ」と感じるようにもなります。

また、個人だけでなく、社会の成り立ちや、世界で生じるさまざまな問題にも関心が強くなっていきます。他人とうまくかかわっていけないことや、人と人との生活がうまくいかないいさかい事や戦争などのニュースをテレビで見て、ときに、ひとりの人間として何かできることがあるんじゃないか、といった「責任」や「責務」を、感じ始めるようにもなってき

一時的に自己中心性が強くなる

ます。

こうした道徳的な価値に気付き、内面的に深めていく一方で、親や、教師をはじめ、社会において権威を持つ者への反逆的な気持ちも、ふつふつと沸き起こるようになります。「〜であるべき」といった志向性が強くなるために、理想を掲げるようになり、目の前にいる親や教師の態度や言動が十分でないと、批判するようになるのです。

子どものことを心配して「危ないところには近づかない方がいいよ」といったアドバイスをしても、「お父さんは、自分たちのことしか考えていない‼」といった非難を浴びせてきたりするわけです。世代間で理解し合うことの難しさ、ギャップなどを感じ、自分の考えることをどうせ大人は受け入れてくれないだろうといった、思い込みに近い考えに及ぶようにもなります。

「こんなに自分は悩んでいるのに、きっとお父さんやお母さんはまったくわかってくれていない！」といった頭でっかちの状態になり、相談するという行為そのものを抑えてしまいます。

第4章 「考える力」の急成長——認知の変化

このころになりますと、青年期特有の二つの自己中心性を持つようになります。

一つ目は、「想像上の観衆（imaginary audience）」を持つようになります。顔に小さなニキビができても、みんなが見て笑っているような気がして、洗面台でニキビを隠そうとやっきになったりします。また、自分の口臭が周りを不快にさせているように感じて、何度も口をすすいだりといったことをするようになるのです。これは、13〜15歳ごろに強く見られます。

二つ目は、「個人的寓話（personal fable）」を持つようになります。自分や自分の考えが特別で独創的であるという考えです。たとえば、初めての恋愛で、地球上の誰もが感じたことのないような苦しみをこの身に受けているように感じたり、自分だけに嫌なことが起きるといった考え方をしたりするわけです。

こうした自己中心性は、しだいに論理的な考えを持ち始めるということと矛盾しているかのようですが、道徳性や感情の発達の視点からすると、青年期近くになると生じる独特の心性です。

ただし、多くの人とかかわる経験を重ねて、他者からの視点を正しく推論する力ができるようになると、しだいに自己中心性は弱くなります。

近年、こうした他人とのかかわりが少なくなっていることから、他人の視点に立って考えることができずに、自己中心性の強い思考のまま、大人になっているような人が増えているように思うのは、私だけでしょうか。

「創造性」の変化

おもしろい調査があります。シェイファー（Shaffer, 1973）の研究です。

具体的操作期の子どもたち（9歳）と形式的操作期の子どもたち（11歳）に、「もし3つ目の目がもらえるとしたら、身体のどこにあるといい？」「絵で描いてみよう。そして、どうしてそこにあるといいのか、教えてください」と教示しました。

そうすると、年齢によって明らかに違う特徴があることがわかりました（図11）。

9歳前後の子どもたちはたいてい、2つの目の間に目を置いたり、その付近に描いたりしています。

それに対して、11歳以上になると、図のように、頭の上に置いたり、掌（てのひら）に描いたり、口の中に描いたりして、そこに描いた理由も、それまでの年齢とは違う独創的な理由を述べたと言うのです。

図11　創造力の変化

9歳前後

11歳以降

（Shaffer. 1973 をもとに作図）

つまり、具体的操作期にいる子どもたちでは、今まで見たことのあるイメージをそのまま描いたり、「もう1つ目があったら、よく見える」といった本来の目の働きから離れずに、自由に創造できないところがうかがえます。

しかもまた、この時期の子どもたちの中には、「そんなのありえないから、考えてもしかたない」といった反応も多く見られます。

ところが、形式的操作期になると、こうした課題を、わくわくするおもしろい課題だと思うところが強くなり、変わったことを考えようと、試みとして楽しむことができるようになります。

それぞれ、仮説や推論を立てて、自分なり

103

のイメージを大胆に表したりするようになるのです。

「時間」の流れの理解——過去・現在・未来

たいていの保育所では、父の日や母の日が近づくと、子どもたちにお父さんやお母さんの絵を描かせたり、プレゼントを作ったりします。お母さんに渡してびっくりさせようね」「でも、母の日は、まだだから、みんなが1つ、2つ、2回寝てから、渡すんだよー（あさってが母の日の場合）」と伝えたりします。

先生が「1つ、2つと、2回寝てから」と伝えているのは、つまり、子どもたちはまだ、「あさって」という時間の概念や言葉自体を知らないからです。2日前に作ったものを、ちょうど父の日や母の日に渡せるように伝えること、すなわち、未来を教えることは、とっても難しいことなのです。

ただし、先生がこのように工夫した言い方をしても、うまくいくとは限りません。子どもたちの中には、お昼寝をとぎれとぎれにその日のうちに2回してしまい、母の日がくる前にプレゼントをお母さんに渡してしまう子が出てくることはよくあることです。もちろん、そ

第4章 「考える力」の急成長——認知の変化

れでも、お父さんやお母さんは大喜びなのは間違いありませんが……。

時間については、一般に、3、4歳は、今日を軸にして、昨日と今日がわかるようになります。5、6歳になれば、明日という未来の中に、「1つ寝たら」「2つ寝たら」といくつもの段階があることに気が付くようになっていきます。

小学校に入り、6、7歳になると、今日は「〇月〇日〇曜日」ということもわかるようになり、1週間は7日あることや、さらには、来週、来年ということもわかってきます。そして、「今日」は、「明日」になれば「昨日」になる、ということもわかるようになります。

そして9歳、10歳になると、昨日、今日、明日というのは軸を変えれば無限にあることがわかるようになります。時の流れを知り、抽象的な思考ができるようになるのです。

このように、ひとが「時間」というものをどのようにとらえるかという時間の認識（時間的展望）については、心理学ではいろいろな研究があります。

時間的展望は、個人が、自分の過去や、現在、そして未来にどのような出来事を予測するかという認知的な側面を指します。また、過去や未来などにどのような感情を抱いているかという情緒的な側面も含まれています。

表5　時間的展望の尺度

1. 私は何かをするとき、その日にならないとなかなか始めない。
2. 私は大きくなったら何になろうかといつも考えている。
3. 私はいつまでにやりなさいと決められていないと、いつまでもやらない。
4. 私はおしりに火がつかないとなかなか勉強を始めない。
5. 半年（6カ月）というのは私にはとても長いような気がする。
6. 私は遠い将来のことはあまり考えない。
7. 私には自分がいまどう感じるかが大切で将来のことはあまり大切でない。
8. 私は明後日のことはあまり気にしない。
9. 将来のことは、なるようにしかならないから考えてもしかたがない。
10. 子どもはすぐに大人になってしまうから、今のうちに自分の将来のことを考えることは大切だと思う。
11. 私は1日がとても長くてなかなか終わらないと思うことが多い。
12. 私は何もすることがなくて、どうして時間をつぶしたらよいか考えることが多い。
13. 私の将来はぼんやりしていて、はっきりわからない。
14. 私は時間はとても短くて早く過ぎるように思う。
15. 私は何かをやるときには時間ぎりぎりになってから急いでやる。

（東江康治、石川清浩、嘉数朝子　1984 より引用）

遠い未来や過去を、現在と結び付けられるようになる

東江・石川・嘉数（1984）では、上の表5にありますが、小学校5年生を対象に、児童の未来に焦点を合わせた時間的展望尺度を作成しています。因子分析という統計の結果、時間的展望という概念が、「未来への予測」「未来への関与」「時間の速度」「従事している時間」「未来への無関心」といった5つの因子に分かれていることが明らかにされています。

レヴィン（Lewin, 1951）は、年齢が高くなるほど、より遠い未

第4章 「考える力」の急成長——認知の変化

来や過去の事象が現在に影響を及ぼすことを認知できるようになることを明らかにしました（時間的展望の拡大）。

つまり、過去については、年齢とともに昔のことを思い出すことができるようになり、未来についても、かなり先を推測することができるようになり、そうした思い出や推測が、今の生き方に影響を与えるようになるということです。

また、自分が願望するだけでは実現は不可能と考える水準と、実際に努力すれば実現が可能な水準があることを区別して認知できるようになるとも考えられています（現実と空想の分化）。

また、レシング（Lessing, 1968）は、5、8、11年生を対象に二つの調査を実施しました。

一つ目は、出来事検査で、過去あるいは将来に関する事象を想像させました。ある事柄が生起するまでの時間の距離（年齢）を測定し、時間的展望の広がりを検討したのです。

二つ目の文章完成検査では、「私は〇歳になることを考えるのが一番好きだ」といった8つの文章を完成させるという方法で行われました。

その結果、かなり空想的であった未来の事象が、年齢とともにしだいに現実的になることが明らかになりました。

同様に、白井氏（1985）も、小学校5年生、中学校2年生、高校2年生を対象に、出来事検査を実施しましたが、その結果は、レシングと同様で、将来展望の広がりは年齢とともに減少していることがわかりました。つまり、小学生においては、未来が重要であるのに対して、中学生、高校生は、「今」という現在が重要と考えていることが明らかになったのです。

これは、児童期には、未来を現在と切り離して考える傾向が強いのに対して、青年期になると、将来を現在と強く結び付けて考えるからではないかと考えられます。

また、青年期になると、未来を考える際に、学校を卒業したらとか、就職したら、とか結婚したら、ということを思い浮かべることが多いようです。そのため、年齢が高くなるほど、その目標までの距離がしだいに短くなることがあり、身近な「今」を考える傾向が強くなることに関係していると思われます。

未来へのイメージの変化──希望が減り、空虚感が増す？

さらに、現在の子どもたちの問題として、時間的展望が欠如していることが指摘されています。NHK放送世論調査所（1982）では、10代後半の青年は、将来の志向性がなくな

第4章 「考える力」の急成長——認知の変化

り、現在に焦点を当てていると指摘しています。そして、自分の趣味にあった暮らし方を好むなど、享楽的な傾向が強まっていると言うのです。

高山氏（1982）は、小学校4年生の子どもたちの会話を紹介しています。「今、5時15分だよ」と言った子に、その子の友達が、「いや、5時20分だよ」と訂正したというエピソードをあげています。こういった会話は、昔の子の会話にはなかったというのです（この研究自体が、すでに30年近く前ですが！）。

この結果から、現代の子どもたちは、日々デジタルの世界に浸かりきっており、今現在を絶対的と見ているため、相対的な時間感覚を失ってしまっていると考察しています。つまり、輪切りにされた時間の中で、つねに「今」という感覚を重ねていっているだけではと指摘しています。

かつて、昭和の初期、中期の時代を生きた子どもたちは、おやつの時間が過ぎたら、つぎは、空が真っ暗になって、「ごはんよ」と呼ばれてしぶしぶ夕食のために帰る時間のことを考えていました。つまり、生活に結び付いたアナログの時間感覚で過ごしていたわけです。

ところが、いつしかこうした感覚はなくなり、「今は、何時何分」だという「今」が、ただ半永久的に連続しているという感覚に変わってしまっているのかもしれません。

白井氏（１９９７）は、小学校５年生、中学２年生、高校２年生を対象に、①出来事調査（未来の事象の測定）、②自己と社会の未来への関心度と未来に対する時間的態度の展望、③もっとも関心のある時期の測定、④人生の目標とその手段の測定、⑤他者関与の測定、を実施しています。

他者の関与については、古谷氏（１９８１）が使っているものから選ばれていますが、「仲間と力を合わせてくらしている」「仲間の悩みを自分の悩みと受け止めている」「仲間のしくじりをばかにしないであたたかくはげましている」「人をのけものにしたり、のけものにするのを知らぬふりをしていない」「のけものにされたらだまっていない」の項目が含まれています。

その結果、確かに、年齢とともに、展望できる時間が必ずしも広がっていくわけではないことがわかりましたが、もっとも遠い未来についての展望は広がる傾向があることがわかりました（図12）。ただし、高校２年生の女性は高校によって差があり、一概に広がってはいませんでした。

過去、現在、未来についての関心を比較したところ、図13のように、小学校５年生では未来に絶対的に関心があるのに比較して、中学生以降は、現在に対する関心度がかなり強くな

図12　時間的展望における未来事象までの距離の認知

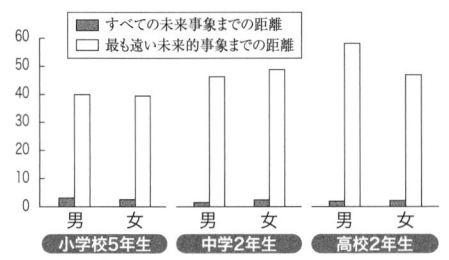

(白井利明　1985 より引用)

図13　時間的展望における過去・現在・未来

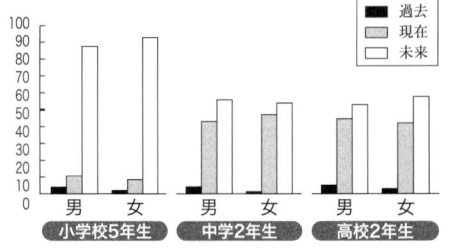

(白井利明　1985 より引用)

図14　時間的展望と他者との関係性

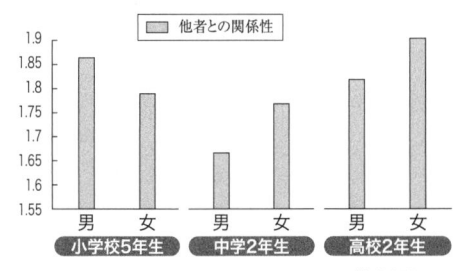

(白井利明　1985 より引用)

図15 「将来の希望」の平均値

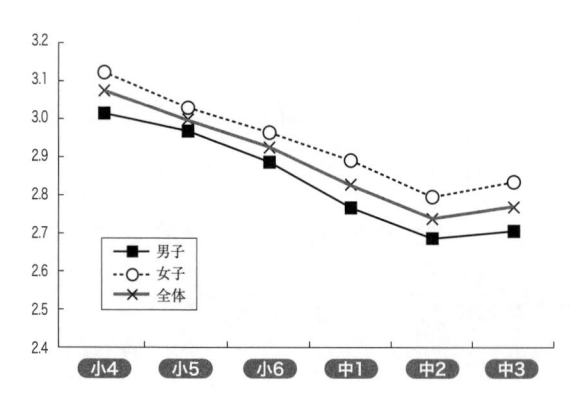

(都筑学 2008 より引用)

っていることが明らかになりました。

このように考えると、小学校5年生までの変化についても検討する必要があると考えられます。低学年のうちは、ただ漠然と、未来にはおもしろいことがいっぱいありそうだという展望を持っていたのが、小学校の終わりあたりから、未来を現在の自分とかなりリンクさせて考えるようになり、関心が現在へとうつることがわかります。

また、将来への展望における他者との関係性については、男子も女子も中学2年生で低くなることが明らかとなりました。図14は、時間的展望と他者について調べたものですが、中学生においては、他者との関係性が入り込めないぐらい、自分のことでいっぱいになる

112

図16 「空虚感」の平均値

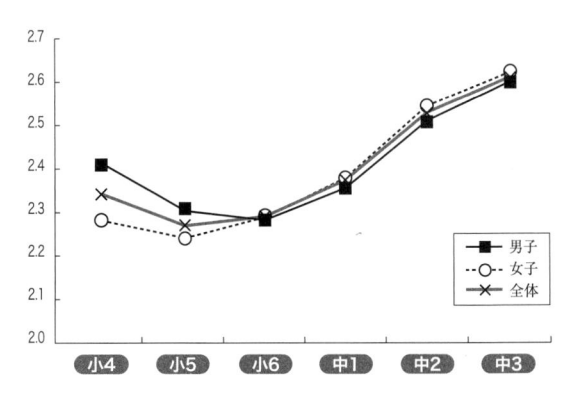

(都筑学 2008 より引用)

ことがうかがえます。

これとは別に、都筑氏（2008）を見ますと、図15と図16から、「将来」の希望については、小4をピークにして下がってしまい、少し遅れて空虚感が増してくるといった結果が見られています。いじめなどは中学校1年生がもっとも多い年代であることを考えると、中学生においては、将来をバラ色に感じられなくなり、さまざまなことに対して、否定的な側面を見つめてしまうころなのかもしれません。

それは、裏返しに考えると、もっと楽しく生活したい、自分のことをわかってくれる友達がほしいといった気持ちが強くなるがために、現実とのギャップを大きく感じてしまう

のかもしれません。他者の存在について意識が強まる時期ではあるものの、まだまだ自分だけで精いっぱいで、仲間として互いに支え合うような成熟した状況にはないことのあらわれかもしれません。

人間関係に対しては複雑に悩む年齢ですが、未来へのイメージに他者との関係性が投影されないのは興味深いことです。抑制的な思考になっているのか、あくまでも将来のイメージにそのときの友達関係が影響しないのかは、さらに検討していくことが必要です。

メタ認知の発達

メタ認知という言葉を聞いたことがあるでしょうか。

たとえば、「夜書いた手紙は感情的になりやすいから、朝読み直して投函した方がよい」とか、「考えを口にする前に、書いてみると整理して話しやすくなる」といったように、私たちの普段考えてやっていることに対する認識、省察といったものであり、心理学では「認知の認知」として考えています。

2003年1月、テレビ放送でのインタビューで、野球選手のイチローは、「新しい環境に入ることを選んだわけだから、そこで成績を残していくためには、自分で自分をコーチし

第4章 「考える力」の急成長——認知の変化

ていく能力が必要だ」と語っています。このように、自分のことを少し離れた所からとらえるようなことがメタ認知であり、優れた選手はこうしたメタ認知をつねにしているように思われます。

教師は、授業の途中でよく、「質問はありませんか？」と尋ねますが、意外と質問が出ないものです。だからといって、わかってくれたのかと甘く受け止めていると、たいていテストの採点のときには、「やれやれ」と、わかっていない生徒がたくさんいることに気が付きます。

つまり、質問がないのは、わかっているというよりはむしろ、「何がわからないのかがわからない」とか「なんとなくわかったような気がする」といった理解の程度にとどまっていることが少なくないからのようです。そして、質問できるということは、自分の理解において「何がわかっていないのかがわかっている」ということになるわけです。

このように、繰り返しになりますが、自分の理解について分析して、何がわかっていて何をわかっていないかについて考えるようなことを、メタ認知と言います。

有名なソクラテスの「産婆術」（問答法）は、自分の無知への気付きを得るためのすべであり、今でいうメタ認知のことです。こういった、自分の心の中をのぞき込み、自分や他者、

人間一般といったものの認知的な特性についての知識を獲得し、それにもとづいて活動していくという作業を、私たちは日ごろから行っているわけです。

もう少しこのメタ認知について詳しく説明しましょう。

まず、メタ認知的知識には、「人間について」「課題について」「方略について」の知識があると考えられています（Flavell, 1987）。

まず、人間についての知識は、①自分についての知識（例：「私は、あわて者だ。」）、②個人間についての知識（例：「AさんはBさんより足が速い。」）、③一般的な知識（例：「練習するとうまくなる。」）、といった3つから考えられます。

また、課題についての知識としては、たとえば、計算は、桁が増えるとミスが増える、といったような知識のことです。

さらに、方略についての知識は、「宣言的知識」「手続き的知識」「条件的知識」の3つから考えられます。

宣言的知識は、具体的な内容についての知識であり、手続き的知識は、どうすればよいかという方法についての知識であり、条件的知識は、いつ、なぜ、それをするのかといったことについての知識となります。

第4章 「考える力」の急成長——認知の変化

こうした知識にもとづいて、普段の活動が行われるわけですが、メタ認知的行動には、「メタ認知的モニタリング」と、「メタ認知的コントロール」があると考えられています。

前者は、自分をモニターすることで、認知についての気付き、フィーリング、予想、点検、評価といった活動にあたります。後者は、認知についての目標設定、計画、修正などの活動です。

そして、これら双方が、プロセスの中で、互いに循環的に影響し合って働いていくと考えられています。

こうしたメタ認知は、学習だけでなく、社会的な活動を行ううえでも重要な機能と考えられています。それではいったい、いつごろからどのように獲得されていくのでしょうか。

メタ認知の質的な変化——自己の視点を相対化できるようになる

子どもは1歳半を過ぎると、砂をごはんに「見立てる」遊びをしたり、キャラクターのまねをして「ふり遊び」を楽しんだりし始めます。これは、現実の状況のみをイメージ（表象）するといった段階です。

それが、しだいに、「自分は、〇〇のふり遊びが好き」といった、メタ表象を持つことが

117

表6 Myers & Paris(1978)による、小学校2年生と6年生における読解についてのメタ認知的知識の違い

	2年生	6年生
読解力と方略	目的によって方略を使い分けない	目的が逐語再生の時と意味内容伝達のときでは、読み方を変える
飛ばし読みについて	読みやすい単語を読む	重要な単語を読む
読み返しをする理由	理由づけができない	読み返すことによって、見落としていた情報に気づいたり、文脈を再吟味できることを知っている
文章内容を他者に説明する場合	文章を逐語再生しようとする	文章の意味内容を伝えようとする
わからない単語	人にたずねる	辞書をひく
段落について	段落内の構成がどうなっているかを知らない	段落の最初と最後の文の役割を知っている
読解力についての認識	その他の技能と区別しない	その他の技能とは独立ととらえている。例えば、算数ができる子どもの読解力が高いとは限らないことを知っている

(西垣順子 2000 より引用)

できるようになります。このような表象理論家には、4歳になると到達すると考えられています(Perner, 1991)。

さらに、こうしたメタ認知の質的な変化は、9歳、10歳ごろにあると考えられています(藤村、2008)。ピアジェの言う脱中心化(自分の視点だけではなく他者の視点から考えられるようになること)が起こり、自己の視点を相対化できるようになるからです。

たとえば、小学校2年生と6年生では、物語や説明文を読むときのメタ認知としての知識が変化し

表7　小学校4年生から中学校2年生の科学的な読み、科学的なテキスト、科学的な読みの方略についてのメタ認知的知識

I. 科学的な文章を読む目的
a. 科学的な文章を読む目的は、情報を発見したり何かを新しく学ぶためである。
b. 科学的な文章を読む目的は、より多くのことを学び、多くの情報を集め、記憶し、理解するためである。

II. 科学的な文章とは…文章内容の正確さ、真実性について
a. 科学的な文章に書いてあることは誰かほかの人の考えである。
b. 文章が理解できないのは、おそらく単語やトピック、文章の説明の仕方が難しいためである。
c. 読者の考え方と科学的な文章の内容が一致しないとき、間違っているのは読者の方である。

III. 科学的な文章の特徴
a. 科学的な文章は何らかの構造を持っている。
b. 図や表がついている。図や表は文章の理解を助ける。

IV. 科学的な文章を読む際の方略
a. 一般的な方略
　①ゆっくりと読む。
　②繰り返して読む。
　③メモをとる。
　④自己質問をしながら、理解をチェックする。

b. 効率的に読むためのコツ
　①文章を読み始める前に、図・見出し・強調語（太字で書いてある部分）などに目を通しておく。
　②図表、見出し、タイトルを中心に、要旨を把握する。
　③大事な情報(要点)を見つけるようにする。
　④視覚イメージを思い浮かべる。
　⑤何のために読んでいるのか、目的を知る。
　⑥記憶をするためには、要点情報についてのリストを作る。
　⑦読解後には要約を作るといい。要約とは、読んだ文章の重要な部分を書き出したり、短縮することである。

c. わからなくなったら…
　①わからない単語や文があれば、誰かにたずねる。
　②わからない単語や文があれば、図をよく見る。
　③わからない単語や文があれば、音読してみる。
　④わからない単語や文があれば、文章の先の方を読んでみる。
　⑤わからない単語があれば、その前後の文脈をよく読む。

(西垣順子　2000 より引用)

図17 知的リアリズムから視覚的リアリズムへ

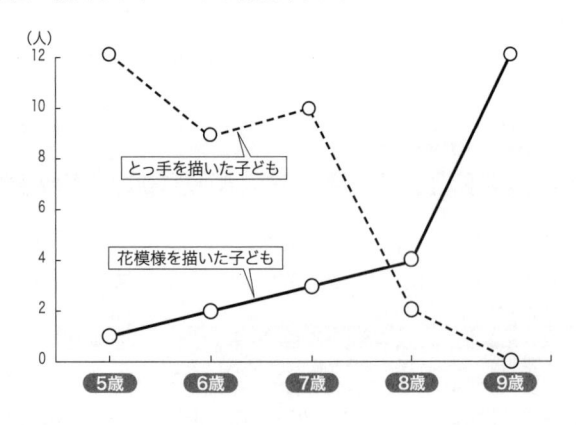

(川島一夫編 2001 より引用)

ていることが明らかにされています。

表6にありますように、読解するために用いる方略や行動が増え、なぜそういう行動をするかなどについて、小学校6年生の方が自分のしていることを詳しく説明できるようになるのです。さらに、表7のように、小学校4年生から中学2年生になると、科学的な読み物について、読む目的や特徴、どのように理解したらよいかなど、かなり豊富なメタ知識が獲得されていることがわかります。

この時期には、おもしろいことに、描画についても変化が見られます。

たとえば、冷蔵庫の中にアイスクリームが入っていることを知っていると、外から冷蔵庫を写生する際に、中にあるアイスも書いて

120

図18　運動場でのボール探し

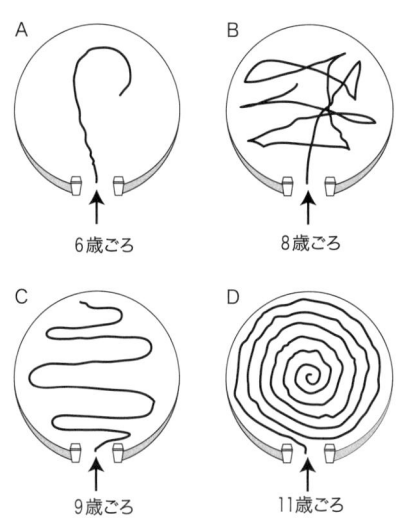

A　6歳ごろ
B　8歳ごろ
C　9歳ごろ
D　11歳ごろ

(加藤直樹　1987 より引用)

しまうといった知的リアリズムから、見たままをとらえて正確に描くといった視覚的リアリズムに変わっていきます。そのため、どのように書けば最後までうまく描けるかといったプランニングの能力を持ち始めます。

つまり、この時期には、具体的なものを見ながら、抽象的な概念化を始める時期であり、質的な変化をしている時期であると考えられるのです。

図17に示したのは、花模様は見えるが、とっ手は向こう側にあってこちらからは見えない角度に置

かれているカップを見せて描画させたときの結果です。その結果、9歳になると、見えている花模様は描きますが、見えないもの（とっ手）は描かなくなります。これに対し、それ以前の年齢では、知っているとすべて描いてしまう傾向が強いことがわかります。

メタ認知の研究として、加藤氏（1987）の「球探し」仮題に対する反応例はとてもおもしろいものです。

草の生えた広い運動場を連想させて、そこに落としたボールを探す方法を考えさせます。すると、10歳までは、あてずっぽうにあちこち探していたのが、10歳以上になると、半数以上の子どもたちが、計画性を持った探し方を提案できるようになることが報告されています（図18）。

内言の確立――自分自身との対話

これまでに見てきたような、視点を相対化したり、プランを立てられるようになることに関連付けて、言葉の発達について考えますと、「セルフトーク」という行為が考えられます。

これは、私たちが、自分の頭の中で考えていることを自分に対して話すことです。つまり、自分を対象化して自分自身とトークできるということになります。

第4章 「考える力」の急成長──認知の変化

それまでは、他者と自分のやりとりで学んできたことを、自分の頭の中で、Iとmeに分化し、他者と外言（がいげん）で話していたことを自己内において変化させていくことができるようになると考えられています。

岡本氏（1995）は、一次的ことばでの話し相手が自分の中に取り入れられ、それが自己を分化させることになり、自分の中で話し合うもう一人の自分を形成していくのではないかと述べています。

このように考えると、他者とのたくさんの相互作用があってこそ、後に自己の中の対話を生み出すことができると考えられますから、他人とかかわっておくことがとても重要なことがわかります。

◎「認識」の発達における9歳、10歳

さまざまな認識の領域で、質的に変化する時期だと考えられます。自分と他人、主観的な自分と客観視できる自分、時間の軸の中での今の自分と未来の自分、など、ものごとを相対化させてみるといった高次の認識が可能になってきます。ただし、この質的な変化が、スムーズに移行できる人と、停滞してしまう人とに分かれやすく、全体的には、

― 不安定になる時期とも言えます。そのため、認識の枠組みがステップアップできるように、適切な支援が必要なときです。

第5章 「複雑な気持ち」を知る――感情の変化

感情の発達は、とらえにくい

さて、ここまでは、年齢とともに具体的にどのような行動ができるようになり、どのような考え方ができるようになっていくのかについて紹介してきました。

行動の発達や思考の発達については、年齢とともに変化していくことが比較的とらえやすいものです。しかし、行動や思考と密接に関係のある、気持ちや感情の発達は、とらえどころがなく難しいものです。

なぜなら、どんなに人生経験を積んだ大人でも、カッとなって怒ったり、取り乱したりすることがあるわけで、必ずしも、年齢が高くなるにつれて、感情自体が変化していくという

125

ことではないからです。大人になっても、状況によっては感情をコントロールできないこともありますし、いったい自分がなぜ不安なのか、興奮しているのかといったことがわからないと感じたりします。

人間は感情の動物だと言われたりしますが、感情の発達は、行動や認知に比較してとらえどころがなく、対象化するのが難しいのです。

さまざまな感情

スルーフ（Sroufe, 1996）によれば、乳幼児期に見られるさまざまな感情は、①楽しさ・喜び系、②用心・恐れ系、③フラストレーション・怒り系、の3つに分けられると言います。感情を「事象の内容や評価にもとづいて生じた内容」と定義していますが、喜びや恐れ、怒りの「真の感情」が生じるのは、生後5カ月ごろとしています。

それまでは、事象の評価などから生じる感情というよりは、単なる刺激によって生じることから、「前感情的反応」と呼ばれています。生後3カ月を過ぎたあたりから、刺激の内容に応じた反応が見られるようになります。いわゆる「先駆的感情」が観察されるようになるのです。

第5章 「複雑な気持ち」を知る──感情の変化

そして、生後5、6カ月を過ぎるころになって、記憶力が出てくると、過去の経験に照らし合わせたうえで、物事の意味が評価されるようになります。個人的で主観的な意味にもとづく感情が見られるようになるのです。

たとえば、喜びについて見てみると、生後6カ月を過ぎてくると、母親が「いないいないばあ」をしたり、「髪をふる」などの行動をしたときに、よく知っている母親がイメージと違う行動をしたときに、笑い声をたてるという様子が観察されています。

恐れについては、知っている要素と知らない要素がまじり合ったときに生じると考えられます。知らない要素を見つけたときに、知らない人の顔から注意をそらすことができなくなり、恐れを感じるようになります。自分の過去の経験に照らし合わせながら、「ネガティヴだ」と判断されたときに、恐れの感情が表出されるようになるのです。

怒りのシステムについては、自分のしようと思ったことが妨げられたときに生じるようになります。言葉で自分の気持ちを説明できるようになるまでは、子どもは「かんしゃく」といった形で気持ちを発散します。子ども自身も、自分の内側で湧き上がってくる気持ちの正体がわからず、しかもそれをどのように伝えてよいのかについてもすべがないため、かんしゃくという形で爆発してしまうのでしょう。

感情を言葉で表せるようになるのは、2歳ごろからです。また、他人の表情からの感情の理解もできるようになり、幼児期の終わりごろには、感情は複雑なものだという感覚も持てるようになるようです。「お母さんのこと好き?」「うん。でも、怒ると怖いよ」といった表現ができるようになります。

さらには、感情を調整するという力が発達してきます。お絵描きの時間に熱中できたり、また「やめなさい」と言うとやめることができたりといった、コントロールができるようになります。

感情の「表現」と「理解」の発達

感情の発達においては、まだわからないことがたくさんありますが、今までの研究をまとめると、表8のような発達があると考えられています。感情を「表現すること」と「理解すること」に分けて考えられます。

幼児期には、3歳を過ぎてくると、しだいに自分の感情を調整しようという行動をするようになります。目の前にあるおかしや食べ物にすぐ手を出さない、など、短い時間であれば、がまんできるようになります。

表8　感情の発達

3歳から6歳

表現　感情をコントロールする認知的な方略が用いられます。感情を抑えるなどの調整が見られます。

理解　一時的な感情の存在を理解する身体の動きから感情を理解します。同時に2つの感情を体験することを理解します。過去の想起が感情をもたらすことを意識します。

6歳から12歳

表現　感情の表出のしかたが精錬されます。正しいとか優れている、といった、内在化した基準に照らして感情を意識するようになります。感情の表現が多様で複雑となります。

理解　同じ出来事について人によって感じ方が違うことがわかります。また、同時に相反する、あるいは混ざり合った複数の感情を持つことがありうることを意識します。自分の感情の原因を理解するようになります。

13歳から18歳

表現　ホルモンの影響を受けたり、日々の厄介なことからネガティヴな感情を抱くことが多くなります。

理解　感情の理解のすべての側面の発達が深まります。

(Shaffer. 2009 より修正して引用)

また、がまんをするために、食べたいものから目をそらす、などの、簡単な方法を身に付けて使うようになります。したくないことも、「やりなさい」と言われれば、やめたい気持ちを抑えてできるようになります。ただし、長い時間や、大人のいないところなどでは難しい時期です。

理解の方では、表情や行動から相手の気持ちを理解できるようになります。うれしいけど、恥ずかしいといった、2つの感情を同時に体験することも、身近な状況であれば理解し始めます。また、過

去においても、間もないことであれば、「昨日の運動会は楽しかったね」といったことは理解し、思い出して、そのときと同じ気持ちになることができるようになります。

小学校に入学しますと、しだいに表現が細やかになります。ただ悲しい、うれしいといった単純な表現ではなく、とってもうれしいとか、嫌な気持ちになった、など、自分の感じ方の程度や状況を細やかに説明しようとします。

理解についても、ポジティヴな気持ちとネガティヴな気持ちの両方を同時に感じることもありうることや、2つ以上の混ざり合った気持ちを持ちうることに気が付くようになります。怖いけどやってみたいとか、ドキドキするけどうれしいといったことです。

入り混じった複雑な感情を意識できるようになる

このように、「うれしい気持ちと悲しい気持ちが両方存在する」といった感情を「入り混じった感情」と言い、これを自分で対象化して認識できるのは、児童期からだと言われています（久保、1999）。

入り混じった感情について、興味深い研究がされています。8歳、10歳、12歳を対象にして、入り混じる感情が想定される例話をつくりました。

第5章 「複雑な気持ち」を知る——感情の変化

その一つの話に、「犬問題」があります。これは、「あきら君は、ポチという犬を飼っていて、とても可愛がっていました。けれども、ポチは死んでしまいました。それからしばらくしてあきら君の誕生日がやってきました。あきら君の友達は新しい犬を買って、あきら君にプレゼントしてくれました。」という話です。

この話の後に、「あきら君はどんな気持ちがしたか」「どうしてそんな気持ちになったか」などを尋ねました。

その結果、自発的に、否定的感情と肯定的感情の双方をもっともらしく答えられたケースは、8歳ではほとんど見られなかったのに、10歳では見られ始め、12歳では約4割という結果でした。

また、「同じひとつのことで、いい気持ちといやな気持ちを感じることは変か?」と尋ねたところ、10歳以上では、変だと思う子どもはいなかったと報告されています。

したがって10歳あたりから、同じ状況でも、肯定的な感情と同時に否定的な感情を持つことを意識でき、かつ、それはおかしいことではないと認識できるようになると考えられます。

私と大学院生(木戸麻由美さん)の研究でも、まだ分析前なのですが、10歳ごろの特徴が少しとらえられます。この研究では、同じく「入り混じった感情」が起こりそうな場面を二

つ用意しました。
一つ目は、つぎのような場面です。

場面①
春夫くんと夏夫くんはとても仲のよい友達です。ある日ふたりは、漢字のテストを受けました。春夫くんと夏夫くんは、とても一生懸命に勉強しましたが、夏夫くんは、あまり勉強しませんでした。しかしテストの結果は、春夫くんは70点で、夏夫くんは90点でした。

質問①
このとき、春夫くんはどんな気持ちでしょうか。考えられるだけたくさん書いてください。

質問②
その気持ちの中で、一番強いものと、二番目に強いものをえらんで、その気持ちがどれくらいの強さかを温度計に書いてください。

第5章 「複雑な気持ち」を知る——感情の変化

このような場面を想定して、質問をしました。図19のように、一番目に強い気持ちと二番目に強い気持ちを、感情の温度計というイラストを使って、気持ちを投影させて書いてもらう方法を使いました。

この場面では、「頑張ったのに自分の点の方が低く、努力しなかった友達の方がよい点を取った」という状況を与えたことになります。

またもう一つの場面は、「秋子さんと冬子さんはとても仲のいい友達です。ある日マラソン大会が開かれることになりました。秋子さんは、たくさん練習しましたが、冬子さんはあまり練習しませんでした。しかし結果は、秋子さんは6位で、冬子さんが1位でした」という内容です。

今度は、努力しなかったのによい成績をあげた方の冬子さんがどんな気持ちかを、考えられるだけ書いてもらい、その中で一番強いものと二番目に強いものをえらんで、どれくらいの強さかを同様に温度計に書いてもらいました。

その結果の一例（4年生）が、図20にあります。

まず、自分が努力したのに悪い点だった場合には、1年生、2年生は、「くやしい」「悲し

図19 「入り混じった感情」の質問例

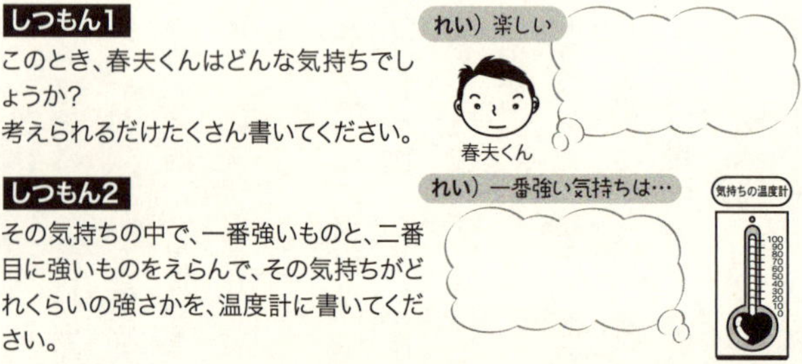

しつもん1
このとき、春夫くんはどんな気持ちでしょうか？
考えられるだけたくさん書いてください。

れい）楽しい

春夫くん

しつもん2
その気持ちの中で、一番強いものと、二番目に強いものをえらんで、その気持ちがどれくらいの強さを、温度計に書いてください。

れい）一番強い気持ちは…

気持ちの温度計

図20 「マラソン大会の質問」の回答例（4年生）

マラソン大会のはなし
秋子さんと冬子さんはとてもなかのいい友だちです。
ある日マラソン大会が開かれることになりました。
秋子さんは、たくさん練習しましたが、冬子さんはあまり練習しませんでした。
しかしけっかは、秋子さんは6位で、冬子さんが1位でした。

秋子さん
冬子さん

しつもん1
このとき、冬子さんはどんな気持ちでしょうか？
考えられるだけたくさん書いてください。

れい）楽しい

うれしい・心配・どうすればイイのかわからない・あやまる

冬子さん

しつもん2
その気持ちの中で、一番強いものと、二番目に強いものをえらんで、その気持ちがどれくらいの強さを温度計に書いてください。

れい）一番強い気持ちは…

心配

気持ちの温度計

第5章 「複雑な気持ち」を知る——感情の変化

い」の2つをあげることが多いようです。2年生では、「悲しい」「くやしい」という3つをあげる子もいました。

それが、4年生になると、「くやしい」「よかったね」という回答のように、自分のくやしさと、相手への配慮の、入り混じった感情を表す子が見られるようになります。また、「くやしい」「悲しい」「心配」「はずかしい」とか、「くやしい」「つらい」「うらやましい」「歯がたたない」といった気持ちを表出する子もあらわれています。

また、6年生になると、「くやしい」「むかつく」「だけどすごい」「うざい」「やる気をなくす」とボキャブラリーも増え、入り混じった感情も表現しています。

かたや、自分は練習しないのによい成績をあげた話では、1年生、2年生は「うれしい」が圧倒的に多いのですが、4年生になると、「うれしい」「こうふん」「楽しい」「心配」「どうすればいいの」「あやまる」というふうに、自分のうれしさだけでなく、練習したのによい成績でなかった相手を思いやる気持ちも表し、入り混じった気持ちがやはり表現されています。また、うれしい気持ちの表現として、「達成感」といったボキャブラリーが増えています。

このように、個人差がありますが、4年生という10歳前後の時期になると、肯定的感情と

否定的感情を両方体験していることを、自発的に言葉で表現できることがわかりました。また、1年生でも、肯定的な気持ちを複数、否定的な気持ちも複数表現でき、強さの程度を異なるものとして表現できることがわかりました。

また、小学校低学年の子どもは、たとえば、「今朝学校に行ったら、うさぎが死んでしまっていた」といった結果の話をきくと、「かわいそう」という結果に依存した感情を表現して、その後を続けない傾向が強いのに対して、11歳ごろになると、動機や因果を考えて、「様子がおかしいことに気づいていたのに『すまない』」といった感情を表現できるようになるという報告もあります（橋本、1987）。また、このころになると、状況を理解し、そこでの主人公の気持ちが何によって引き起こされているかという因果関係についても理解するようになります。

そして、おおよそこうした感情についての理解や表現は、12、13歳をピークとして、後はそれぞれの個人的な経験とともに深められていくと考えられます。

友達との関係を保つために、表情を抑制するようになる

サーニ（Saarni, 1984）は、6歳から11歳の児童を対象に、「たとえ好きでなかったとし

第5章 「複雑な気持ち」を知る——感情の変化

ても、誰かが贈り物をくれたときに喜んでみせる」といった表出規則の発達を検討したところ、6歳は明らかに否定的な感情を示したが、10歳以上では、肯定的な態度を表出することができたことが報告されています。

こうした表出規則の理解は、対人関係にも影響を及ぼすと考えられます。友達と互いに理解し合いたいときや、気持ちを打ち明けてほしいときは、本音を打ち明けるため表情を抑えないこともあれば、友達との関係をこわしたくないため表情を抑えたりと、関係性によって感情の表出を調整することになると考えられます。

中村氏（2006）は、小学校1、3、6年生を対象に、友達との関係、個人の特性、状況といった文脈を操作して、「たろうくんはキャンディが好き」「たろうくんとじろうくんは仲が悪い」「たろうくんがじろうくんにキャンディをもらう」などといった状況をつくって、そのときの感情について尋ねました。

つまり、キャンディが好きか嫌いか、友達関係は仲よしかそうでないか、キャンディをもらうか取られるか、といった、ポジティヴとネガティヴの状況が組み合わされ、合計8場面での感情が尋ねられたわけです。

その結果、6年生では、仲よしでない友達からされたことでも、「本当はいやだけど、仲

137

が悪くなるといけないから普通の顔をする」といったことを述べていて、関係を保つために表情を抑制していることがわかります。

こうした結果は、10歳ごろを境に、表出規則の理解のレベルが異なってくると考えられます。また、このころになると、表情がすなわち感情そのものをあらわしているとも思わなくなるようです。

そして、仲が悪いのに自分の好きなキャンディをくれた場面などは、「仲よくなろうとしたから」と自分で文脈を加えて、場面の整合性を持たせて判断するようにもなります。

感情のリテラシーを発達させるために

感情がどのように発達していくかについては、これまで詳細にはわかっていないところが多くありました。そのため、怒って泣き叫ぶ子や、泣いてばかりいる子に、「泣いていてもわからないでしょ」と叱りつけたり、心を開くまで忍耐強く待ったりといった対応が、経験則でとられていたように思います。

しかし、近年、親の側の方が、キレてしまったり、育児不安などでうつ気味になったりと、感情をコントロールできないありさまです。モデルもなく安定した愛情も注がれない中で、

第5章 「複雑な気持ち」を知る——感情の変化

感情がうまく育たない子どもたちも増えてきました。

そこで、最近では、感情の発達理論にもとづいて、しっかりと育むことを目標にしたカリキュラムがつくられるようになりました。表9に、カリキュラムを載せましたが、おおよそ、4つの柱から構成されています（Cornwell & Bundy, 2009）。

1つ目は、自分の気持ちを理解していく柱です。2つ目は、他人の気持ちを理解する柱です。3つ目は、感情の調整をする力を身に付ける柱で、4つ目は、感情をうまく表現し対人関係を築き、維持する柱です。こうしたそれぞれの柱は独立して育まれていくというよりは、むしろ互いに影響し合って育っていくと考えられます。

どんな言葉や状況がどのような感情をもたらすのかや、気持ちが行動に影響を与えることについての気付きを得ると同時に、自分と他人の共通性や違いを理解していきます。そして、それを利用して、自分や他人の行動を変えたり、前もって言葉や状況を変えて将来の感情を操作できるようにもなるのです。

近年、子どもたちの不登校について、「葛藤なき不登校」などと呼ばれたりしていますが、自分の感情について内省できず、自分の気持ちを他人にうまく伝えることができなくなっている子どもが増えています。そのため、カウンセラーは、子どもの葛藤をうまく汲み取るこ

2段階として考える。

他人の気持ちに気付く（他者覚知）	気持ちを調整する（マネジメント）	関係づくり
1. 他者の基本的な感情を知る	1. 調整することの難しさを体験する	1. 大人のものまね 2. 代わりばんこ（順番／交代）など簡単なスキルを知る
2. 他者の感情を知る手がかりに気付く	2. 感情と行動の違いを知る	3. 感情をシェアする能力をのばす 4. 友達と一緒に遊べる
3. 感情が引き起こされることや感情の果たす役割を知ることができる	3. さまざまな感情への反応や感情を調節することができる 4. 感情表現の的確さと不的確さの違いを知る	5. 友情の理解が深まる
4. 他者の感情に関係のある機会や状況を意識する	5. 怒り、恐れ、心配、孤独へと適切に対応するようになる	6. 集団でうまくやるのに必要なスキルを学ぶ 7. 自分の強さと弱さを知る
5. 他者の感情に影響する自分の気分や行動を知ることができる（その反対もあることに気付く）	6. リラックスしたり視覚的なテクニックを使ってさまざまな感情をマネジメントする	8. 葛藤状況の意識、解決方法を理解する
6. 共感性の意識、それを示す能力 7. 他者の感情の変化を知り、感情と出来事を結び付ける	7. 状況をポジティヴにとらえる 8. 自己と他者の悲しみのマネジメントをする	9. 人種差別など人の存在に焦点をあて、平等や差別の理解をのばす
8. 他者にも同時に複数の感情が起きていることを知ることができる	9. 拒否、罪悪感、嫉妬、落ち込み、怒りに対して適切に対応する 10. 感情をポジティヴに利用して動機づけを高める	10. 対人関係を円滑にいとなむスキルをのばす

（Cornwell & Bundy, 2009 より修正して引用）

表9 感情リテラシーの発達のアウトライン

この4つの柱のそれぞれに、理解と表現を考える。年齢は、7歳を前後に

年齢	感情の複雑さ	自分の気持ちに気付く(自己覚知)
幼児から小学校低学年	うれしい、悲しい 怒り、恐れ 愛される 楽しい 寂しい 飽きた、心配な 恥ずかしい 罪悪感	1. 感情を感じる 2. 自分の気持ちを知る 3. 感情の幅を理解し、経験を話す 4. 感情の引き金を知る 5. 全ての感情に意味があることを理解する 6. 感情の手がかりを知る
小学校低学年から中学年	上の感情プラス 欲求不満、落ち着いた がっかりした みじめな、しっと うらやましい あこがれる、プライド 臆病、期待、傲慢	7. 感情と関係のある機会や状況を意識する 8. 非言語表現に気付く 9. 感情に伴う生理的な変化を知る 10. 感情は時間や状況によって変化することを知る 11. 自己に同時に起こる複数の感情に気付く 12. 感情を秘める(隠す)能力を持つ 13. 意識して感情の変化を知ることができる 14. 自分の感情に個人的な責任を感じる

とができず、カウンセリングがうまく進まない場合が多いようです。また、表情も乏しく、なんとなく笑みを浮かべたりして、大丈夫だと思っていたら、突然大きなトラブルを起こしたりと、深刻な問題を抱えているのに、感情の表出や気持ちの調整がうまくできない子どもたちが増えてきているようです。

◎「感情」の発達における9歳、10歳

「感情」というものを対象化して考えられるようになり、それを文章や会話の中でも表現できるようになる年齢です。肯定的な感情と否定的な感情を同時に持つことを、自発的に意識できるようになり、さらに、それはおかしいことではないと認識できるようになります。また、間接的な表現から相手の気持ちを汲むなどもできるようになります。

ただし、自意識過剰になる傾向が強くなるため、傷付くのを恐れて感情を抑え込んだり、逆にコントロールできない状況も出てきます。そこに、第二次性徴におけるホルモンの分泌や、受験などの環境の影響も受けることから、大人からすれば対応するのに難しい年齢に入ります。

第6章 親より「友情」へ――友達関係の変化

友達を選ぶ理由の変化

10歳前後になると、「友達」という言葉の重みがかなり変わってくるようです。「友達がいっぱいいるよ」といった言い方ではなく、「大事な友達がいるよ」という言い方に変わってきます。数がいっぱいということよりも、存在が大切ということを理解してきたことがわかります。

たいてい8歳ごろまでは、友達は単純に「好きな人」です。好きな人はまた同じ遊びをする相手とも言えます。

ところが、しだいに友達を、心理的にどこか似かよった共通性を持つ相手として感じ始め

ます。そして、友達の存在にしだいに重みが増し、忠実でいたい相手、また協力できる相手として考えるようになります。互いに、相手の気持ちに気を配るようになり、お互いの弱さや強さをひっくるめて、まるごと友達として把握するようになるのです。

こうした友達関係が変化する背景には、いったいどのような変化があるのでしょう。

まずは、「友情」という概念の発達がかかわっています。

自分が友達に対して何を求めているのかを意識するようになるのです。友達に対して求めるものや、なぜ友達なのかという理由自体が変化していきます。

どのような理由から友達を選択しているかという調査があります。おおざっぱには、小学校低学年までは、通学の道が同じだとか、近所だとか、クラスで席が近いなどの、「相互的接近」を、友達を選ぶ理由として答える傾向にあります。

そして、しだいに「好きだから」「感じがよいから」「よい子だから」といった、気持ちをベースにした「同情的接近」を理由にあげるようになります。

これがさらに、相手の人格や内面的なことに敬意を払うようになり、性格、趣味が一致するとか、気が合うといった、「尊敬共鳴」を理由にあげるようになるのです。

このように、幼いうちは「物理的な近さ」＝「接近していること」が大事であったのが、

第6章 親より「友情」へ——友達関係の変化

成長とともに内面的に感じるものをもとに友達をつくり始めるわけです。そしてしだいに、同じことに興味を持ったり、考えが似ている人を友達に選ぶようになります。思春期になれば、単に同じというよりは、自分とは異なる考えにも敬意を払うようになります。他の研究でも、低い年齢のときは、コストや報酬価などを考えがちですが、しだいに、規範的な意識が高まり、互いに忠誠を尽くすなどの誠実さの意味合いが強くなることが明らかになっています。9歳、10歳ごろには、「相互理解」や「受容」といった共感的な段階に入ると考えられています (Bigelow, 1977)。

自己開示の重要性――親密になっていくプロセス

その際、互いに自己開示 (self-disclosure) することが大事になります。この自己開示というのは、自分自身についてのプライベートな、また秘密にしておきたいようなことを、相手に公開する行動のことを意味します。「私の宝物はね、……なの」「私の家には、○○があるよ」というように、自分のことを相手に公開していくことは、親密な人間関係を築くうえで必要な行動と考えられます。

ここで、自己開示という言葉が出たので、もう少しこれについて説明しておきたいと思い

図21 自己開示の4つの窓

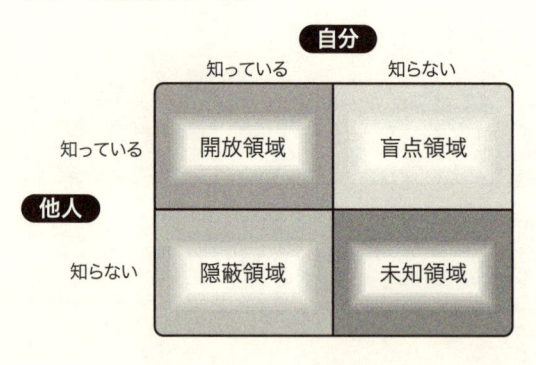

	自分	
	知っている	知らない
他人 知っている	開放領域	盲点領域
知らない	隠蔽領域	未知領域

　図21をみながら説明しましょう。みなさんが自分のことを考えた場合に、自分で自分自身のことをすべてわかっているか、と言ったらどうでしょう。自分のことだけど気付いていない、また、知らないこともあります。また、他人が自分のことについて知っていることもあれば、やはり知らないこともあるでしょう。

　こういった考え方をすると、図にあるような4つの領域に分けて考えることができます。

　自分が知っていて他の人も知っている領域が「開放領域」です。たとえば、私はケーキが好きということを友達も知っている場合が該当します。

　また、自分は知らないのに友達が知っている領域は「盲点領域」です。たとえば、自分はミニスカー

第6章　親より「友情」へ——友達関係の変化

トが似合っていると思っているのに、他の人は似合わないと噂しているの場合などでしょうか。自分が知っているのに友達は知らない領域は、「隠蔽領域」です。これは、自分は最近ダイエットのため水泳を習い始めたとしても、友達にそのことを言っていない場合などです。そして、自分も友達もまだ知り得ていない領域を、「未知領域」と言います。将来のことなどは、それにあたるでしょう。

領域を図に表すと窓のようなので、「ジョハリの窓」と名付けられています。ジョセフ・ルフトとハリー・インガムが提唱している概念だということから、そのように名付けられました。友達関係が築かれ、親密になっていくプロセスには、この中の「開放領域」を広げていく必要があります。

つまり、互いに自分を見せ合い、理解し合う関係構築のプロセスが大切なのです。

また、自己開示には返報性があると言われます。相手から開示された内容の深さの程度を、そのまま自分も返す傾向があります。友達から、「私の好きな人は、○○なの」と開示されると、「実はね、私の好きな人は……」という具合に、自分もしゃべってしまう展開などがまさにそうです。

ですから、開放し合うということは、友達関係を深めていくことにつながります。

147

「開放領域」を広くしていくためには、具体的には2通りのやり方があります。一つは、「盲点領域」を少なくすること、もう一つは、「隠蔽領域」を少なくすることです。

前者は、他人から、自分のことをどう思っているかなどの評価や意見、フィードバックなどをもっと取り入れることになります。後者は、自分の秘密を他人に話していくことを意味します。

こうしたやりとりが増えると、おのずと開放領域が広くなり、互いに仲のよい関係になるというわけです。

悩んでばかりの女の子の友情──過剰な自己開示の危険性

このように、自己開示は、親密な人間関係を形成し、友達関係の質を高めていくうえで大切だということが、多くの研究で明らかにされています。

しかしその一方で、自己開示が必ずしもよい結果を生むわけではないと指摘する研究もあります（Newcomb & Bagwell, 1995 ; Parker & Asher, 1993）。

女の子同士の友達関係は、ときに、不安や抑圧の原因となるという興味深い研究があります。自分自身の抑うつ的な悩みごとをあれやこれやと思案することを「反芻」(rumination)

148

第6章 親より「友情」へ――友達関係の変化

と呼んでいますが、これは青年期の抑うつや不安の原因と関連があるようです(Hart & Thompson, 1997; Schwartz & Koenig, 1996)。自尊心を低めるなどの情緒的な問題にもかかわると考えられています(Broderick, 1998)。

困ったことや悩んでいることを、友達と一緒になって反芻するような「共同反芻」(co-rumination)が起こると、つねに問題やトラブルについて心配したり考えたりすることになってしまいます。つまり、こうした友達との過剰な自己開示は、不安を高め、必要以上の情緒的な問題をつくり出してしまうことがあるのです。

ローズ(Rose, 2002)は、友情には性差があると考え、特に、女の子の友達関係が男の子の友達関係よりも親密度が強く、互いに自己開示し合うことが多いと指摘しています。そして、このことが、女子の方に抑うつや不安などの問題がより多く生じるということに関連があるのではないかと考えています。

つまり、自己開示が親密な友達関係を築くことは望ましいことなのですが、一方で、過剰に自己開示し合い、悩みについて互いに何度も話すことで、お互いに、嫌なことを心に抱えてしまい、不安や抑うつなどの情緒的問題を引き起こすきっかけになるのではないかということです。友達同士で互いにさまざまな問題を、何度も蒸し返して話し合ったりすることは、

親しさを深める一方で、共に思い悩んで感情的には不適応な状況をつくり出すことにもなるわけです。

3、5、7、9年生(およそ8、9歳から15、16歳)の男女を対象に、この共同反芻と友情や不安などの問題との関連が検討されていますが、共同反芻が友情を強めている一方で、不安をもたらすことが明らかになっています。

この状況は特に、女子に多く見られることから、今までに明らかにされた女子の親密な友達関係のあり方や、女子にうつ的な問題が多いことを説明する手掛かりとなっています。

女の子同士の友達関係は、男の子のように、スポーツなどの活動を共に楽しんだりするよりも、むしろおしゃべりに花が咲く場合が多いものです。しかし、まだまだお互いに未熟で解決する力がないのにもかかわらず、自分の問題だけでなく、友達の問題も抱えてしまい、不安を高めてしまうことになるわけです。

したがって、10代になると、孤独で友達がいない子どもも心配ですが、かなりの仲よしさんを持つ女の子同士の関係についても、大人はちょっと気にかけてあげる必要があるようです。

ここで使われている共同反芻の質問紙の項目を、表10に示しておきます。

表10 共同反芻の質問紙

- **問題を話し合う頻度**
  友達と私は会うたびにどちらかが抱えている問題について話す。

- **他の活動と比較しての優先度**
  会うと、友達か私のどちらかが何か問題を抱えていたら、たとえ他に計画していたことがあったとしても、その問題について話す。

- **友達「に」問題を話すように促す**
  友達が問題を抱えていたら、私はいつもそれを話すように友達に言う。

- **友達「が」問題を話すように促す**
  私が問題を抱えていると、友達はいつも何が起きたのかすべて詳しく話すように言ってくる。

- **同じことを何度も話し合う**
  どちらかが抱えている問題を話していると、問題すべてについて何度も繰り返し話す。

- **問題の原因についての憶測**
  どちらかが抱えている問題を話すとき、なぜこの問題が起きてしまったのか、その理由について考えられるだけのことを話す。

- **問題の結果についての憶測**
  どちらかが抱えている問題を話すとき、この問題がもとでどんな悪いことが起きるか一通りすべて考えようとする。

- **問題の理解に時間をかける**
  どちらかが抱えている問題を話すとき、まだ問題についてわからない点を理解しようと時間をかける。

- **ネガティヴな気持ちに焦点を当てる**
  どちらかが抱えている問題を話すとき、問題を抱えるとどんなに辛いかについて話す。

(Sharabany, Gershoni & Hofman. 1981 より引用)

何かの小説で読んだのですが、女同士の親友の話で、「いつしか親友が、私の心のごみ箱にみえてきた」という表現がありました。今となっては忘れてしまいたい自分の過去を、友達はずっとキープしているというのです。友達に悩みを打ち明けることで互いに気が晴れることも事実ですが、その一方で、憂鬱になることもまた然りということでしょうか。

同性と異性の友達関係

10代になると、異性を意識し、異性の友達を持つようになります。シャルバニーら (Sharabany, Gershoni & Hofman, 1981) は、5、7、9、11年生（およそ10〜18歳）を対象に、同性と異性の友達とで親密性に違いがあるかどうかを調べました。

その結果、異性の友達との関係では、年齢とともに、理解、感受性、愛着、率直さなどの得点が上がることが明らかになりました。

同性同士の親密さはすでに10歳では高く、異性に対する評価は、女子から男子への評価と、男子から女子への評価との間もあまり違いはありませんでした。ところが、しだいに、女子の方は、男子への評価が高くなることがわかります。

これは文献としてかなり以前のものですし、イスラエルでの結果なので、日本にそのまま

第6章 親より「友情」へ——友達関係の変化

あてはめることは適切ではないかもしれません。日本では、男子校や女子校といった独自の学校システムがあり、ジェンダーの違いの影響も濃くあると思われます。

ただし、いずれの国でも、幼児期のころから、女子は女子の集団、男子は男子の集団にどっぷりと浸かりながら成長していると考えられています。その中で、異性との友達関係や恋愛への発展などがどのように影響していくのかについては、今後検討がのぞまれるところで、とても興味のあるところです。日本では、9歳、10歳では男女共学の場合が多いでしょうが、中学受験などで進学校にいくと、男子校、女子校といった、さらに同性の文化に深く浸かることが多くなるため、環境の影響を強く受けていると予測されます。

友達との同調の高まり——誘いを断れない弱さ

友達関係が築かれるのは、一見、よいことずくめのようですが、逆に、友達から悪い影響を受けてしまうこともあります。「朱に交われば赤くなる」とよく言われますが、どういうときに悪い影響を受けてしまうのでしょう。

バーント (Berndt, 1979) は、3年生から12年生（9歳から18歳）を対象に、仲間からよ

い行動に誘われるときや悪い行動に誘われるときを想定させて、仲間からのプレッシャーに負けてしまう可能性を調べました。

悪いことへの誘いは、3年生（9歳）から9年生（15歳）へと年齢が上がるにつれてどんどん同調傾向が高まります。ただし、9年生になるとかなり抵抗できるようになる結果が明らかになりました。このことから、15歳までは友達からの誘いを断りきれない弱さがあることをうかがうことができます。

高校生ぐらいになると同調傾向が弱まりますが、この理由は、親や友達にふりまわされずに、自分自身で考えようという自律心が強まるからと考えられます。つまり、9歳、10歳はまだ親の影響が強い時期ですが、しだいに、親から離れて友達と同調し、友達とのかかわりに引きずられがちになります。

高校生ぐらいになると、どちらからもある程度距離をおいて、自分で考えようとするようになりますが、とはいえ、それもなかなか簡単にはいかないという状況も経験するわけです。こうした過程は、危なっかしく見えますが、自律していくためには必要な、健康な過程であると考えられています。

友達との関係が、学校適応にどの程度影響を及ぼすかについては、どんな特徴を持つ友達

第6章 親より「友情」へ——友達関係の変化

と、どの程度の親しさか、ということによるところが大きく、一概には明らかにはなっていません (Berndt, 2002)。

一般に、友達を持つことの機能としては、①仲間付きあい（共に時間を過ごし親密でいる）、②刺激（おもしろい情報や楽しい情報を提供）、③物理的サポート（手助けしてくれる）、④自我のサポート（励まし自尊心を高めてくれる）、⑤社会的比較（他者との関係の中での位置付け）、⑥親密さ・愛情（自己開示できる、信頼関係）の6つにまとめられています (Gottman & Parker, 1987)。したがって、友達を持つか持たないかは、こうした機能を育てることができるかどうかにかかわることから、友達の存在は大変重要であることがわかります。

友達からのソーシャルサポート——「何かあったときに助けてくれる」という確信度

1998年に、中学生を対象にして、登校している生徒と、不登校の生徒（情緒障害児施設、適応指導教室、フリースクールの生徒）を対象に、ソーシャルサポートの調査を実施しました（渡辺・蒲田、1998）。その結果、不登校の生徒の方が、友達からのソーシャルサポートの量だけではなく、満足度も低い結果が明らかになりました。

特に、一緒に音楽を聴いたり、出かけたりといった、娯楽を共にしてくれるというサポートが少ないと認識しており、不登校の生徒はそれを、友達よりもきょうだいに求めていることがわかりました。

これにより、成長とともに、重要な他者の存在が、しだいに親から友達に代わることや、日常生活において何気ないことでも一緒に時間を共にしてくれる友達の存在が、学校への適応と関係してくることが予想できます。

ここで言う、ソーシャルサポートという考えは、実際にサポートしてもらうというよりは、「何か困ったことがあったときにサポートしてくれるだろうという確信度」のことを言います。こうした認知が高いと、ストレスを緩和する効果があると考えられています。

一般に、10代で友達からも親からもソーシャルサポートを期待できると考えている子どもは、自尊心が高く、自分の存在価値をかみしめることができ、楽しく生活することができています。

◎「友達関係」における9歳、10歳

親の言うことに従うべきだという考えが弱まり、友達との友情が強くなる時期です。

第6章 親より「友情」へ——友達関係の変化

> 大好きな友達のためになんとかしたいという思いやりが強まる一方で、友達の目が気になる時期でもあります。そのため、友達ができない場合には友達とかかわれるように支援してやることも必要ですが、友達がいるからこそトラブルが多い子どももおり、経験の中で適切なソーシャルスキルを学ばせながら、互いにサポートし合うことができるように支援していくことが大切です。

第7章 「他人の視点」の獲得——道徳性の変化

道徳性の3つの側面

心理学では、道徳性を大きく3つの側面からとらえています。

一つは、うしろめたい気持ちを持つかどうかといった罪悪感や、かわいそうに感じる共感、同情などの「情緒的な側面」です。

つぎに、目の前に美味しいものがあっても、ぐっとがまんする行動であったり、困っている人がいたら助ける、などの「行動的側面」です。

そして最後は、善悪の判断や、規則の理解といった、考え方に関する「認知的な側面」です。

第7章 「他人の視点」の獲得——道徳性の変化

これら3つの側面のうち、情緒的な側面を強調した立場としては、フロイトの精神分析学があります。何かよくないことをしたときにうしろめたいといった罪悪感を持てるかは、幼児期後半に親からの超自我を獲得できるかにかかっていると考えられています。

ここでいう超自我は、良心のことであり、自我をコントロールする心の裁判官のように考えられています。

他方、行動的な側面を強調した立場には、バンデューラの提唱した社会的学習理論（この理論は、後に社会的認知理論として認知的な成分も強調されるようになりました）があります。人を助ける援助行動や、ものを分けてあげる分配行動は、モデルとなる身近な人の行動を模倣することにより獲得されると考えられています。テレビなどのメディアによっても、行動を観察するだけで学習し、それを自分の行動のレパートリーに加えることができます。コメディアンのギャグなどが瞬く間に世の中に広がるのがよい例です。

そして、認知的な発達の側面を強調した理論には、ピアジェの認知発達理論があげられます。

ここでは、この認知的な発達段階を重視した認知発達理論の流れをふまえた研究を紹介し

ましょう。

規則の認識――外界の事象、親の働きかけから学ぶ

ピアジェ（Piaget）は1932年に、規則の認識について多くのことを明らかにしました。4歳から13歳の子どもたちのマーブルゲームを観察して、子どもが規則をどのように身に付けていくのか、どのように規則を用いているかなどについて観察しました。その結果、子どもたちが、規則に関する認識を身に付けていくプロセスが3段階に分かれることを明らかにしています。

最初の段階は、2、3歳です。

遊びを観察しているとわかりますが、子ども同士の遊びのやりとりの中に、協同的な意味を持つようなやりとりがいっさいない段階です。何かしなければならないといった義務だとか、友達との決めごとによって拘束されているといった社会的な意味合いを持つような行動がまったく見られません。近くで遊んでいても、一緒に何かをしようといったかかわりがなく、ひとりで楽しんで遊んでいます。

ところが、3歳を過ぎて、4、5歳になってくると、しだいに規則の認識の芽生えらしき

第7章 「他人の視点」の獲得——道徳性の変化

ものがうかがわれるようになります。たとえば、「順番こ」ということがわかったり、先に遊んでいる子に優先権がある、といった理解です。

また、子どもたちは、石を何度も落としてといった繰り返しの行動を見せるようになります。親からすると、同じことばかりしているように見えますが、ピアジェの観察からすると、子どもはただ単に同じことを飽きることなく繰り返しているのではないようです。子どもはそうした繰り返しの行動から、ものの因果や時間の前後、さまざまな法則性を感じ取るような力を身に付けているらしいのです。

一度、小さい子どもの遊びを観察してみてください。本当に同じことを何度も何度も繰り返しています。同じことを「やって！やって！」と何度もせがまれた経験がある方も少なくないと思います。「この飽くなき行動は何ゆえかぁ……」とついつい思ってしまいますが、こういう一見無駄なエネルギーの浪費のような行動が、実は、ものごとの規則性を認識することにつながっているというわけですから、大事なことなのです。

子どもたちは、このように同じ行動を繰り返しながら、外の世界で生じることを自分の枠組みに取り入れていきます。これを「同化」と言います。また、自分の認識を変えて外界に合わせていくこともします。これを「調節」と言います。

新奇な体験に遭遇すると、私たちは驚き、しばらくはどうしてよいのかわからない、理解できないといったジレンマを経験します。たとえば、「りんご」しか知らないときに、「モモ」をもらったら、何これっ、と思うでしょう。これもりんごだと認識すればしますし、新しいものだと認識すれば調節ということになります。

その際の「なんだろう!?」という葛藤が、新しいことを経験する以前に持っていたシェマ（＝スキーマ、考える枠組みのようなもの）を揺さぶり、不安定な状態にします。そして、不安定な状態からバランスのとれたものにしていこうとする心のメカニズムが働き、自分の認識を再び構造化させて、より新しいシェマを構成すると考えられるのです。これは「均衡化」と呼ばれたりしています。

このように、生まれた直後から、子どもの周りにある森羅万象が、子どもに影響を与えて、規則性の概念を印象づける役割を果たしているのです。ですから、朝が来てまた夜が来る、といった、正確な昼夜の交替などの物理的な事象も、まさに規則の認識を生み出しています。毎日正確に繰り返されるさまざまな外界の事象から、法則性といった規則を学ぶ土壌が与えられているわけです。

ですから、生活していくうえで、親は子どもに、たいてい同じ時間に食事を三度与え、生

第7章 「他人の視点」の獲得──道徳性の変化

物リズムに沿って適当な時間に寝かしつけよう、といった行動をとりますが、これは、子どもに時間の規則性を教えるうえで重要な働きを持っているということになります。その意味で、親は、こうした道徳的義務を課す役割をつねに担っているということになります。

こうした働きかけが続くことにより、もともとは、なんら義務感を感じずにしていた行動も、しだいに義務感や拘束感といった気持ちの付随する行動に変化していきます。ですから、親がカーテンを1日中開けないような、昼夜逆転の乱れた生活をしたり、夜中にファミレスにつれて行って食事をさせたりするのは、子どもから、そうした義務感や規則の認識を学ぶ機会を奪っていることになります。

そういえば、私が子どものころ、母は、「どうして人間は、三回ご飯を食べるのかしら、献立を考えるのが一番面倒！」なんてよく言っていましたが（このごろ私もよくそう思います）、今の私が毎日、ある程度規則的に生活できるようになったのは、親がぶつぶつ言いながらもきちんとしつけてくれたからなのだな、と感じ、今さらですが、感謝の気持ちが湧いてきます。

他律から自律へ──「規則は変えられる」と感じ始める9歳、10歳

こうした段階を経て、やがて、幼児期から小学校低学年の子どもは、周囲の大人の真似をし、規則どおり振る舞おうとする第二段階に入るようになります。

ピアジェは、こうした真似をしようとする義務感は、〝大人に対する一方的な尊敬の念〟を持っていることによると考えました。つまり、大人が示す規則というものを、子どもは絶対的な正しいものとして受け止め、それに服従しようとしているのではないかと考えたわけです。

したがってこのころは、不完全な形でも、ゲーム遊びやジャンケンなどの規則性のある行動をまねるようになります。大人をまねて従うようになり、規則というものには従わねばいけないんだ、というやみくもさが出てきます。

しかし、そこには、他者とのやりとりの意味や、他者の気持ちや考えを配慮しようという相互関係はまだ見えません。このころの子どもは、大人に対する尊敬の念から、規則を「犯してはならない神聖なもの」として感じ、かたくなにまねようとするのです。

このことは、小学校低学年のホームルームに参加してみるとよくわかります。「今日、○○ちゃんが、廊下を走っていました!」「□□ちゃんが、宿題を忘れたそうです!」と、手

第7章 「他人の視点」の獲得──道徳性の変化

をあげて、他人の失敗を誇らしげに糾弾し合っている状況によく出くわします。彼らはまだ、「規則を破ってはいけないのだ」という、大人から拘束された気持ちでいっぱいなのです。友達がどう思うかよりも、「絶対に規則は守らなければいけない」と強く思っています。

これは、この段階にいる子どもがまだ、一般的に言う「自己中心的な思考の段階」にいる、ということとかかわっています。これは一般的に言う「わがまま」とは区別しなければなりません。つまり、相手を困らせようとしたり、相手の気持ちがわかっていても自分の欲求を通そうとしているのとは違うのです。まだ自己と他者の存在を明確に区別できないために、相手の気持ちにまで配慮できず、自分の欲求どおりにふるまってしまう思考のことを指します。ものごとの判断が、自分自身の欲求によるものであるのか、外在的なものによるのかという区別が、まだできないわけです。そのため、他人の立場に立って自由に考えることができませんから、相互の気持ちを考えたうえで規則をとらえる、といった認識を持つことができません。

ところが、友達とのかかわりを重ねる中で、しだいに勝ち負けを気にするようになり、他人を強く意識するようになり、他人（友達）との関係に社会的な意味合いを感じるように

なります。第二段階での大人への一方的な尊敬から、"仲間同士の相互の尊敬"に基づくようになる第三段階へとうつるわけです。

こうなると、自己中心的な思考から脱して、他人の視点に立てるようになります。そして、規則の認識は、絶対的なものではなくなり、みんなの合意があれば修正が可能であると考えられるようになるのです。

このように「規則は変えることができる」ととらえられるようになるのが、まさに「9歳」「10歳」以降であると考えられています。

たとえば、トランプ遊びを考えてみましょう。9歳、10歳より前の子どもに、「今度は、ジョーカーなしでやってみよう」などといった規則の変更について提案しても、「それは、ダメ！」といった反応を返してくるでしょう。ところが、小学校中学年以降になれば、「そうだねぇ」とか、「やってみる?」ということになって、友達がみんな「うん」と合意すれば、規則を変更できると考えるようになるのです。

これは、大人からの拘束力を意識する段階から、協同で規則を生み出すことのできる段階への移行であり、まさに、他律から自律の道徳性へと発達しているというわけです。

第7章 「他人の視点」の獲得——道徳性の変化

過失、盗み、嘘に関する道徳判断——「結果」から「動機」へ

また、ピアジェは、子どもに個別に例話を提示し、オープンエンドの質問をする方法（臨床法：clinical method）によって、5歳から13歳の子どもの善悪の判断を調べました。例話の内容は、過失、盗み、嘘に関するものでした。過失についての例話はつぎのようなものです。

A：ジャンという男の子がお部屋の中にいました。食事に呼ばれたので食堂に行きます。ところがドアの反対側に椅子が置いてあり、その椅子の上には15個のコップがのせられたトレイが置かれていました。そんなことは知らないジャンは、ドアを開けたので、コップは15個ともみんなこわれてしまいました。

B：アンリという男の子がいました。ある日、お母さんの留守中に戸棚からジャムを取ろうとしました。椅子を出して上にのぼり手をのばしたところ、無理をして、そばにあったコップを一つ落として割ってしまいました。

図22 結果論と動機論——どちらが悪いでしょう（ピアジェ類似の問題）

マリーは、お母さんのお手伝いをしていて、誤ってお皿を割ってしまいました。お皿がたくさん割れました。

ジュリーは、台所で遊んではいけません、と言われているのに、ふざけて、お皿を1枚割ってしまいました。

（高尾正 2001 より引用）

例話を理解したかどうかを確認した後、「どっちの子が悪い？」「なぜ？」といった質問をします。その結果、「コップをたくさん割った方が悪い」といった物質的な結果から評価する判断と、「ジャムを取ろうとしたから」といった動機から評価する判断に分かれることがわかります。

幼児の大半は、「コップをたくさん割った方が悪い」と判断します。理由は、「たくさん割ったから」ということで、動機についてはほとんど言及しません。

このように、結果を客観的にと

第7章 「他人の視点」の獲得——道徳性の変化

らえて判断するのは、「客観的責任判断」と呼びます。他方、意図や動機などの主観的なとらえ方を重視して判断することを「主観的責任判断」と呼びます。10歳以降になると客観的責任概念は減少し、主観的責任概念のものが増加してきます。図22は、ピアジェの課題に類似した話の絵図版です。

さて、こうした二つの判断はなぜ存在するのでしょう。

物理的な損害である結果を重視する原因として、先にも述べたように、このころの子どもが、大人への一方的な尊敬の念から、大人の行動を模倣していることにあると考えられます。実際のところ、大人はこれぐらいの年齢の子どもの過失の「結果」に対してかなり厳しく叱ることが多いように思います。また、幼児期は、規則を自分の生活に密接にかかわる存在として考えていない時期であり、しかも、自己中心的な思考のため、結果以外のことを含めて判断することが難しいと考えられます。

他方、動機に基づく判断は、友達との相互作用が増えることによって、自己中心的思考から脱し、大人のコントロールから解放されるようになると、できるようになると考えられます。仲間とのやりとりを通して、協同や相互の尊敬の念が存在するようになり、他者の意図や動機を視野に入れて判断ができるようになると考えられるのです。

こうした変化は、必ずしも10歳で全員に訪れるわけではありませんし、当然個人差があります。ただ、年齢とともに放っておけば自然に変化するということでもありません。社会自体がどちらの責任概念を選択しているかという問題にもかかわってくると考えられますが、ピアジェは仲間との相互作用をする機会を十分に与えることが、動機をもとに判断ができるようになるためには重要だと考えています。

なにかトラブルがあるたびに、大人は、「何がこわれた」とか、「どれだけこわした」という客観的な量によって叱ってしまいがちですが、どうしてこわしてしまったのか、それによってどのような迷惑が相手にかかるかといった、動機や理由に目を向けさせてやることが大切です。

また、こうした学ぶべきトラブルの機会が与えられるのは、友達とのかかわりがあってこそであり、その意味でも、子どものときの友達とのけんかやいさかいは、大事な学びのときと言えましょう。いたずらに、けんかをする前に止めてしまわないことです。

判断の理由を考えさせることで、成長する10歳以降

ピアジェの認知的発達理論の影響を受けて、1960年代から現在まで、道徳性の発達研

第7章 「他人の視点」の獲得――道徳性の変化

究の中心にいた研究者に、コールバーグがいます。コールバーグ（Kohlberg, 1971）は、基本的な枠組みとして、「道徳的認知構造」という概念を想定しました。そしてこれは、「役割取得」（他者の立場に立って、他者の見方や感情を推測すること）に関する部分と、「道徳的葛藤」を解決する原則から構成されると考えました。

つぎに、発達過程については、ピアジェの均衡化の考えをもとに、発達するということは、道徳的認知構造が矛盾を機に再組織化するととらえました。そして、ピアジェと同様に、発達段階の存在について明らかにしました。

発達段階については、ピアジェが12歳ぐらいまでの子どもを対象としたのに対して、コールバーグは、自律的な発達をとげる年齢を25歳ごろであると考え、10歳以降の青年期を対象としました。研究の方法は、道徳的な葛藤を引き起こすモラルジレンマを子どもたちに与えて、質問する方法でした。

よく知られている有名な話に、「ハインツのジレンマ」があります。要約するとつぎのような内容です。

表11 コールバーグによる道徳性の発達段階

I. 前慣習的水準

段階1：罰と従順志向（他律的な道徳）

段階2：道具的相対主義（素朴な自己本位）志向

II. 慣習的水準

段階3：他者への同調、あるいは「よい子」志向

段階4：法と秩序志向

III. 慣習以降の自律的、原則的水準

段階5：社会的契約、法律尊重、および個人の権利志向

段階6：普遍的な倫理的原則（良心または原理への）志向

(荒木紀幸 1988 より加筆して引用)

ハインツの妻は、ガンのために死に瀬していました。彼女の命を取りとめることのできる薬があると医者は言いますが、その薬は薬屋によって、製造するのにかけられた費用の10倍の値段が付けられていました。ハインツは、知人からお金を借りたりしましたが、その値段の半分しか集まりません。彼は薬屋にわけを話して、値引きするか後払いにしてくれないかと頼みましたが、薬屋は金儲けの理由から断ります。ハインツは思いつめた結果、薬屋に泥棒に入りました。

このジレンマを話した後、ハインツは盗むべきであったかどうかという判断と、なぜそ

第7章 「他人の視点」の獲得——道徳性の変化

う判断するかという理由が尋ねられます。その結果、表11のような三水準六段階に分類されることが明らかになりました。

つまり、小学校低学年くらいまでは、「規則をやぶってはだめ」といったような原則や、「みんなの秩序を乱してしまうからだめ」といった意識は頭にのぼってきません。「刑務所はかわいそうだ」とか、「悪いことをしたんだから、刑務所に入れてもちょっとくらいよい」といった、利己的な思考、あるいは、損しないようにといった考えで判断しがちです（第一水準）。

しかししだいに、「規則がある」とか、秩序、世間体といった、他人や社会の視点から判断しようとします（第二水準）。

さらには、「規則自体、完璧であるとは限らない」ということや、「人間の倫理はときに規則を超えるものだ」ということを認識できるようになるのです（第三水準）。

各水準の年齢は、文化や国によって異なりますが、日本では、10歳ごろは第一水準の段階2から第二水準の段階3の移行期にあると考えられます。

そして、このハインツのジレンマの場合、「どのような結果を選択するか」「盗むか盗まないか」といった判断よりも、むしろ、なぜそのように判断したのかという道徳的推論が、よ

173

図23 コールバーグの道徳発達段階の年齢的変化

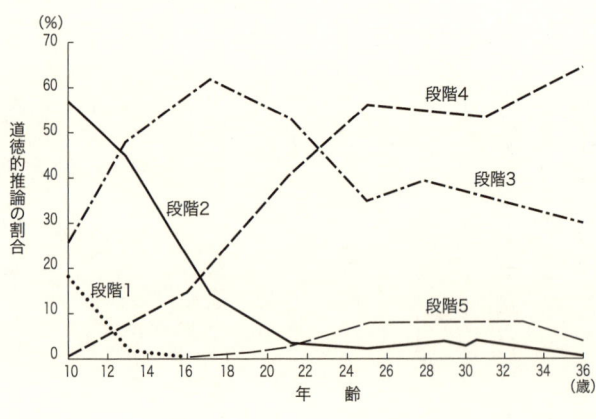

(Shaffer. 2009 より引用)

り大事であると指摘しています。

つまり、盗むべきと判断しようと、盗むべきでないと判断しようと、その判断自体ではなく、むしろ、どのような理由でそう判断したかという点に、人間の道徳性の発達が反映されていると考えたのです。

たとえば、盗むべきでないという判断が同じでも、「刑務所は怖いから」という理由をあげる子もいれば、「他にお金を払って明日にでも薬を手に入れようとする人々がいたら、その人たちの行為を阻害することになるから」といった理由を述べる子もいます。つまり、判断よりも理由において、かなり大きなレベル差が見られるわけです。

したがって、道徳性を育むためには、道徳

第7章 「他人の視点」の獲得——道徳性の変化

的な葛藤を経験させ、どうすればよいのかといった行動そのものだけではなく、なぜそうするべきなのかといった推論までしっかり考えさせることが、人を成長させると考えられています。

10歳から36歳の男性を対象にした、20年間に及ぶ研究（Colby, Kohlberg, Gibbs & Lieberman, 1983）では、10歳以降、段階1、段階2である第一水準が減り、第二水準の段階4が増えていく傾向が明らかであり（図23）、10歳以降になると、社会の秩序や法に対する認識が獲得されていくことがわかります。

ずるい、ずるくないという認識はどこからくるか

ピアジェやコールバーグの研究に影響を受けて、デーモン（Damon）は、道徳性の中でも特に、分配の際に、子どもがどのようなことを公正と判断しているかに焦点を当てて研究しています。

子どもは（実は大人もそうですが……）、「ずるい！」という言葉をよく叫びます。幼稚園でも小学校でも、少し観察していれば、二、三のトラブルが見られますが、大半が、「ずるい」「ずるくない」というトラブルです。家庭生活においても、食べ物、テレビの視聴時間、

表12　公正概念の発達段階

段階	概　　要
0-A	行動を起こしたいという欲求から選択。理由を正当化しようという意図はなく、ただ欲求を主張することのみ（例："それを使いたいから得たい"）。
0-B	依然、欲求中心だが、外見的特徴や性などに基づいて理由づけするようになる（例："女の子だからいちばんたくさん欲しい"）。目的は変わりやすく、自分を有利にする傾向がある。
1-A	厳密な平等性の概念からなる（例："みんな同じだけもらうべき"）。平等はけんかや葛藤を避けるものとして考えられる。一方的で柔軟性に欠ける。
1-B	行動の互恵的概念からなる。人は善・悪に対してお返しを受けるべきだと考える。メリットや功績の概念が現れるが、まだ一方的で柔軟性に欠ける。
2-A	さまざまな人が存在しているが、人間的価値は等しいということが理解されている。ただ選択理由は主張（競争）を避け、量的に妥協しようとする（例："彼はいちばん多く、彼女は少し"）。
2-B	互恵、平等、公平の真の意味を考える。さまざまな人の主張や状況の特殊性を理解する。したがって、場面により判断理由は変わる。基本的にはだれもが当然、分け前をもらうべきだという考え方。

(渡辺弥生 1986 より引用)

お小遣いなどの分配をめぐって、きょうだい間でしょっちゅうけんかをします。

大人の世界だってそうです。時給がよいのか、出来高制がよいのか、能力給がよいのかといった判断は、当事者が公平だと受け止められるかどうかに大きくかかわります。そして、ずるいとかずるくないといった判断が、未来へのやる気や対人関係に深い影響を及ぼすものです。

デーモン（Damon, 1975, 1977）は、4歳から8歳の子どもを対象とした調査から、公正観の発達段

第7章 「他人の視点」の獲得——道徳性の変化

階が6段階あることを、表12に示す通り明らかにしています。立場の異なる登場人物が、報酬をどのように分配すればよいか、といったジレンマ課題を与え、つぎの4つの視点が明らかになるような質問がされました。

① 公正について、子どもが認知し葛藤する対応にはどのようなものがあるか。
② 子どもが公正に関する葛藤をどのような方法で解決するか。
③ 子どもが葛藤を解決するうえで注目する人はどんな人か。
④ 葛藤の解決法を正当化する内容はどのようなものか。

私の研究になりますが(渡辺、1986)、4歳から9歳の子どもたちを対象に、ずるい、ずるくないにかかわるジレンマを与えました。話の内容は日本向きの状況にしましたが、ほぼ同じ調査を実施しました。

子どもたちに、絵を描いたことへのご褒美のアイスクリームをあげて、それを子どもたちがみんなで分け合うという場面で、上手に絵を描いた子もいれば、たくさん描いた子もいるし、さぼっていた子もいるといった状況です。

その結果、0―A、0―B段階の子どもが年齢とともにいなくなり、それに代わって、1―A、1―B、2―A段階の3つの段階にまたがるような結果になりました。

1―A段階の子どもたちは、「みんな同じにするべきである」という反応で、「けんかしないよう同じがいい」「一人が少なくなったり、多くなったりするとちゃんと分けられないから同じがいい」「二人だけ多いとずるいから、独り占めになるから同じがいい」「同じに分けるというきまりがあるから同じがいい」といった反応をしていました。

1―B段階の子どもたちは、「がんばった人には多くあげる」「上手な人に多くあげる」といった、行動や努力の違いによって分配の差をつけるような反応が、2―A段階の子どもには、「みんなえらいから」「せっかくみんな……したから」「みんな同じにしてあげたいから」など、違いはあっても必要性やそこにいる存在を考えて分配したいという理由が多く見られました。

その後、9〜12歳を対象に、質問紙で同じ調査を実施しましたが、10歳以降は、60％以上が2―A段階となり、それ以外は1―A、1―Bに分かれることがわかりました。アメリカの結果に比較して、貢献度や能力に応じて分けた方がよいと考える1―B段階が発達的に増加する傾向は見られませんでした。

第7章 「他人の視点」の獲得——道徳性の変化

日本においては、絶対に同じがいいという1—A段階の考え方が、年齢が高くなっても依然として一定の割合いるという違いが見られました。アメリカに比べると、結果の平等性を重視し、みんな同じということに価値を置く日本の文化が反映された結果が見られると考えられます。

大人の社会においても、貢献度や努力に応じて分配するべきという考え方と、みんなに同じように分配すべきという考え方があるでしょうから、社会や家庭の価値観がかなり反映される結果が得られたように思います。

みんな同じといっても、結果の形式的な均等でなく、それを必要とするできるだけ多くの人に配分できないか、といった思考自体が大事なように思います。

2年前に、『SMAP×SMAP』というバラエティ番組で、この課題をクイズ形式で取り上げていただきましたが、意外と大人でも、レベルの高い分配のしかたは難しいことがわかりました。

権威がある人ってどんな人？

デーモンは、子どもたちが「権威」についてどのような認識を持っているかについて調べ

表13 権威の認知発達段階

ステージ	概　　要
0-A	権威は、権威者と自分を結び付ける属性、あるいは、愛情のきずなにより正当化される。また、権威者と自分を同一視することによって従ったりする。権威者の命令と自己の欲求を区別することなく服従する。
0-B	権威は、権威者の物理的属性や外見的特徴により正当化される。これは、論理的に一貫したものではなく変わりやすい。命令と自己の欲求との葛藤を潜在的に認めている。命令は欲求を充足したり、欲求を妨げる行動を避けるために聞き入れられる。
1-A	権威は、命令を強制することができるような属性であり、従うかどうかは、権威者の社会的、物理的な力に対する尊敬の念により決定される。 権威の力は、全知、全能の雰囲気を持つ。
1-B	権威は、特別な才能や能力を反映する属性、及び、特別な人にしたてあげるような属性で正当化される。 従うかどうかは、過去に助けてくれたといった相互性、互恵性に基づいている。
2-A	権威は、特に、命令することに関するこれまでの積み重ねや経験により与えられる。権威者は、よりよく指導する能力を持つものとして見なされる。従うかどうかはリーダーシップの能力が期待されるかどうか、あるいは、皆の至福や権利が考えられているかによる。
2-B	権威は、多様な状況要因を調整することにより正当化される。ある状況では、命令することができる属性をもっていても、他の状況では、命令できない場合があることを理解している。すべてのものの至福を願った協力として従うという同意に基づいている。

（渡辺弥生　1992 より引用）

第7章 「他人の視点」の獲得——道徳性の変化

ています。

大半の研究は、親側や大人が、「権威」を保つためにどのようにしつけるかという視点がとられており、子どもが親や教師といった大人の「権威」をどのように認識しているかという研究は、ほとんどありませんでした。

ロールズ (Rawls, 1971) は、子どもは権威者から与えられた命令が妥当なものかどうかについては考えておらず、小さいころは疑いもなく従うものだと、とらえています。

さらに、デーモンは、「公正」という認識と、「権威」という認識の源は同じではないかという発想から検討し、表13のように、公正さと同じく権威にも、6つの段階があることを明らかにしました。

渡辺 (1989) は、小学校1年生から6年生の子どもたちを対象に、つぎのような話と質問を与えました。

——例話：たかしくん（まりちゃん）は、お母さんから「部屋を片付けるまで外で遊んではいけませんよ」と言われています。

しかし、ある日、たかしくんの友達のひろしくんが来て、「みんなが公園に集まってこれから遊ぶんだ」と言いました。たかしくんは遊びに行きたいのですが、部屋がとても汚いのです。後で片付けると言いましたが、お母さんは許してくれません。そして、遊びに行くのをやめるように言っています。

質問：たかしくんはどうするべきですか。それはなぜですか。お母さんが言うことは正しいですか。なぜですか。

このような例話と質問です。

もう一つの話は、チームのキャプテンが命令してくるという話で、同じような質問をしました。これは、大人の権威と仲間の権威が違うかどうかを調べるためでした。

この結果から、3年生（9、10歳）から、2—A段階の反応が見られるようになりました。そして、年齢にかかわらず、1—A段階が多いこと、特に大人の権威について1—A段階の回答が多いことが明らかになりました。

つまり、子どもはしだいに、大人から言われたら従うという図式を疑い始め、なぜ大人に

第7章 「他人の視点」の獲得——道徳性の変化

従わなければならないのかについてあれこれ考え始めるようになります。そして、権威を説明するうえで納得のいく理由を探すようになります。しだいに、みんなの至福を考え、それを実行できるような人が権威を持つのにふさわしいと思うようになり、リーダーシップを求めるようになります。

この本で注目している9歳、10歳になるころには、一方的な尊敬の念から従いたいと考えている段階から卒業して、それよりも、みんなのことを考えられる人にリーダーシップをとってもらいたいと考えられるようになることがわかります。

「道徳」か「慣習」かの区別は、まだ難しい

チュリエル（Turiel, 1983）は、コールバーグの道徳性の考え方に対して、道徳を、「道徳」と「社会的慣習」「個人」という3つの独立した領域にきちんと区別して考えるべきだと考えました。大人がこの3つを混同して教育していることが、子どもたちを混乱させていると考えています。

たとえば、表14のような項目を、「道徳か、慣習か、個人で決めてよい領域か？」と尋ねられたらどう判断するでしょうか。

表14 領域特殊性についての質問

> 質問：つぎの（　）の中に、道徳であれば「M」、慣習であれば「C」、個人で決めてよいことであれば「I」を記入してみてください。

- 人を身体的に傷つける　　　　　　　　（　　）
- ゲームでごまかす　　　　　　　　　　（　　）
- 人のノートを盗む　　　　　　　　　　（　　）
- 人を陥れる嘘をつく　　　　　　　　　（　　）
- 借りたノートに落書きをする　　　　　（　　）
- 食事のない子に分ける　　　　　　　　（　　）
- 高齢者と一緒に横断歩道を渡る　　　　（　　）
- 拾った財布を持ち主に返す　　　　　　（　　）
- 泣いている子どもをなぐさめる　　　　（　　）
- チャリティーに寄付をする　　　　　　（　　）
- 手づかみで食べる　　　　　　　　　　（　　）
- 髪型を守らない　　　　　　　　　　　（　　）
- 決まりどおりに校庭で整列しない　　　（　　）
- 先生を名で呼ぶ　　　　　　　　　　　（　　）
- 遅刻する　　　　　　　　　　　　　　（　　）
- 挙手をして発言する　　　　　　　　　（　　）
- 誕生カードを送る　　　　　　　　　　（　　）
- 礼拝用に正装をする　　　　　　　　　（　　）
- 制服を着て登校する　　　　　　　　　（　　）
- 人のために戸を開ける　　　　　　　　（　　）
- 天気の日にテレビを見る　　　　　　　（　　）
- 嫌われている子と遊ぶ　　　　　　　　（　　）
- 校庭で一人で遊ぶ　　　　　　　　　　（　　）
- 長電話をする　　　　　　　　　　　　（　　）
- 一人の時大きな音でラジオを聴く　　　（　　）
- 日記をつける　　　　　　　　　　　　（　　）
- 週末に夜更かしをする　　　　　　　　（　　）
- 髪を切る　　　　　　　　　　　　　　（　　）
- クラブに所属する　　　　　　　　　　（　　）
- 映画を見に行く　　　　　　　　　　　（　　）

第7章 「他人の視点」の獲得——道徳性の変化

どうでしょう？　分けられたでしょうか？　なんだか理由はよくわからないものの、意外とテキパキと分けることができた人が多いのではないでしょうか。

「道徳と慣習の違いはなんですか」と尋ねられると、口で説明するのは難しいものですが、個々の具体的な事柄で考えると、意外と分けることができるのが不思議です。もちろん、どちらかわからないものもいくつかあったかと思います。

チュリエルは、表15のように、「道徳」と「慣習」と「個人」の領域の違いをまとめています。

「道徳領域」には、正義や福祉や権利といった価値概念が含まれます。他者の期待や規則の存在とは無関係に、逸脱すれば、即悪いと判断されるものとして考えられます。具体的な行動事例としては、盗み、殺人、いじめなどがあげられるでしょう。

これに対して、「慣習領域」は、社会のシステムに関する概念です。社会的関係を調整し、集団の秩序を維持するものです。あいさつ、校則、服装などが、具体的な行動事例として考えられます。

道徳領域とは異なり、ある集団では逸脱と考えられるものが、他の集団では受け入れられ

表15 領域特殊理論による社会的知識の分類

	領域		
	道徳	慣習	個人
知識の基盤	正義や福祉や権利といった価値概念	社会システムに関する概念	自己概念、他者の思考・感情に関する理解
社会的文脈	行為に内在した情報(行為が他者の身体・福祉・権利に与える直接的な影響)	社会的関係を調整するための、恣意的ながらも意見の一致による行動上の一様性	行為が行為者自身に与える影響
具体的な他者からのフィードバックの事例	けがや損失・損害の言葉がけ、視点取得をうながす言葉がけ、直接的な情緒表出、しかえし、命令、権利・公正への言及・叱責	規則の言及、望ましい行動を示す言葉がけ、秩序を乱すことの注意、大人への言いつけ、命令、叱責、冷やかし	………… ………… ………… ………… …………
具体的な行動事例	盗み、殺人、いじめ、詐欺(嘘)、援助	挨拶、呼称、生活習慣、テーブルマナー、校則、服装	趣味、サークル活動、友人の選択
判断基準 規則随伴性	無関係	随伴	…………
判断基準 権威依存性	独立	依存	…………
判断基準 一般性	あり	なし	…………
判断基準 規則可変性	不可能	可能	…………
判断基準 個人決定権	なし	なし	あり
理由づけカテゴリー	他者の福祉、公平・不公平、絶対に許されない行為、義務感、権利	期待・規則、社会秩序、常識・習慣からの逸脱、無礼行為	自分自身の問題、規則の拒否、許容範囲の行為、規則存在の不公平

(首藤敏元 1992 より引用)

第7章 「他人の視点」の獲得——道徳性の変化

たりすることもあり、社会的状況に相対的なものと考えられます。たとえば、おじぎは日本ではあいさつのときに必要ですが、アメリカでは要求されないというようなことです。

「個人領域」というのは、自己の概念や他者の思考・感情についての理解に関するもので、影響する対象は自分だけです。具体的な行動としては、趣味や、友達の選択などがあげられるでしょう。

この3つを分ける判断基準として、①規則随伴性（規則がなくても悪いことかどうか）、②権威依存性（権威の存在が善悪判断に関係するか）、③一般性、④規則可変性、⑤個人決定権、などがあげられています。

道徳についての領域は、規則の随伴性とは無関係なものです。つまり、どこにも規則として定められていないのに、絶対にいけないと考えられるものです。たとえば、憲法には、人を傷付けてはいけないとわざわざ書かれていません。しかし、文化を超えて誰もが、普遍的によくないことだと判断できます。このようなことは、すべて道徳領域であると考えられるわけです。

また、道徳的なことは、「先生が言うからよくない」というように、権威に依存して判断

が変わることもありません。誰が言ったのかにかかわりなく、ダメなものはダメと考えられるものです。一般性もあり、規則として変えることもできない内容です。

これに対して慣習領域は、規則のあるなしで判断が変わります。「この学校では制服を着なければならない」というように、規則があれば、それに従わなければいけないことになります。ですから、逆に規則がなければ、どんな服を着て登校してもよいわけです。

また、慣習領域は、権威に依存しています（学校では校長先生、会社では社長の命令に従うべきといったように）。ですから、学校では先生の言うことに従わなければならないと判断されます。ただし、規則は変えることが可能だと考えられています。

個人領域は、個人決定権があるかどうかということによってのみ判断され、先に述べたような基準にはあてはまりません。食後には、コーヒーを飲むと決めるといったことです。

こうした道徳と慣習の違いについて、年齢とともにどのような変化を示すかの、いくつかの研究がされています。すでに、4、5歳児においても、道徳や、慣習を区別をしていると報告されていますが、どのような基準で区別しているかについては、研究によって違います。森川・鈴木（2006）の研究では、10歳から11歳は、理由があれば逸脱してもしかたがないという考えが高まることを報告しています。ただし、道徳についてはいまだ普遍的なも

第7章 「他人の視点」の獲得——道徳性の変化

のととらえられず、ときと場合によって相対的にとらえている様子を明らかにしています。さまざまな行動の逸脱を、どのようなものとしてとらえるかは、生物学的なものというよりは、家庭教育や学校教育、メディアなどの影響をかなり受けるようです。ですから、こうした領域の違いを理解できるように、大人が子どもにわかりやすく説明していくことが必要です。

すなわち、規則として変えることは可能ではあるが、社会的秩序を乱すことから悪いと判断するのか（慣習領域）、規則の存在や集団の秩序の維持ではなく、生きていくうえで許されない行為であると判断するのか（道徳領域）、といった基準を、子どもにたえず説明する努力をすることが、子どものこうした概念を発達させるうえで必要なのです。

表16にあるように、10～11歳ですでに道徳領域、個人領域は区別することができますが、慣習領域の「先生を名前で呼ぶ」「正装をする」「制服を着る」といった点については、判断に迷っている様子がうかがえます。こうした混同しやすいものについては、大人がまず、なぜそれがよいとされるかの理由を考えて、きちんと子どもたちに伝える態度が求められています。

理由はないのに、昔から決まっていることだからそのまま続けている、という非合理な考

として選ばれた割合[1]

16-17歳		19-20歳	
W	P	W	P
100	0	100	0
94	0	94	0
100	0	100	0
100	0	94	0
88	0	100	0
88	6	94	6
81	6	81	19
94	0	100	0
94	0	75	19
75	19	81	19
25	13	6	19
0	6	6	31
37	6	31	0
13	0	13	0
19	0	31	0
56	0	31	6
44	25	31	38
6	38	19	19
0	0	13	25
50	6	50	25
0	100	0	100
0	94	0	81
6	94	0	100
0	94	0	94
0	75	0	94
0	100	0	100
0	100	6	94
0	88	0	94
0	100	0	88
0	100	0	100

[1] スメタナら (Smetana, J.G., Bridgeman, D.L., & Turiel, E., 1983) による研究。数値は小数点以下第1位を四捨五入した割合(被験者は15〜16人)。

[2] Wは規則や期待がないときでも悪い(善い)行為として選択された割合。Pは個人の自由にまかせた方がよい行為として選択された割合を示している。

[3] 各領域とも、最初の5つの行為は期待や規則からの逸脱行為として、次の5つの行為は期待や規則と一致した行為として提示されている。

(首藤敏元 1992 より引用)

表16 「規則がなくても悪い(善い)」および「個人の問題である」

行 為[※3]	10-11歳		13-14歳	
	W[※2]	P	W	P
道徳領域				
人を身体的に傷つける	80	0	100	0
ゲームでごまかす	80	0	93	0
人のノートを盗む	67	0	100	0
人を陥れる嘘をつく	93	0	100	0
借りたノートに落書きをする	80	0	100	0
食事のない子に分ける	73	20	87	7
高齢者と一緒に横断歩道を渡る	67	20	80	7
拾った財布を持ち主に返す	93	0	100	0
泣いている子どもをなぐさめる	73	20	93	7
チャリティーに寄付をする	80	20	60	27
慣習領域				
手づかみで食べる	47	33	33	13
髪型を守らない	7	7	7	13
決まりどおりに校庭で整列しない	47	7	40	13
先生を名で呼ぶ	20	40	27	0
遅刻する	27	7	40	0
挙手をして発言する	60	0	60	7
誕生カードを送る	40	40	40	40
礼拝用に正装をする	40	40	40	33
制服を着て登校する	7	7	13	13
人のために戸を開ける	47	20	67	13
個人領域				
天気の日にテレビを見る	0	100	0	93
嫌われている子と遊ぶ	0	100	0	93
校庭で一人で遊ぶ	0	100	7	80
長電話をする	7	80	0	100
一人の時大きな音でラジオを聴く	20	53	0	87
日記をつける	0	93	13	87
週末に夜更かしをする	7	80	0	100
髪を切る	0	87	7	80
クラブに所属する	0	100	7	93
映画を見に行く	0	100	0	100

えも残っています。大人が、子どもを説得できるきちんとした理由をつねに持っておくということは、必要なことだと思います。

私も中学のとき、靴下の色は白でなければいけないという校則があり、理由を説明してくれない先生に対して、憤慨とまではいかないまでも、「大人はずるい！」と思っていたことを思い出します。

相手の立場に立つカ——相手の頭に吹き出しを想像できる

こうして見てくると、道徳性については、トピックも華やかに、さまざまな切り口から研究がなされていることがわかります。そして、人と人とが共存していくためには、結局、自分だけではなく、多くの人の視点に立つことができなければいけない、ということがわかります。

部屋で聞くラジオの音量の調整も、廊下を走ってはいけないということも、すべて他人とかかわってくることです。「どうするかは自分の勝手、誰にも迷惑をかけていないから！」というのは、独りよがりな思い込みで、音量を上げすぎていると……、急ぐからと走っていると……、誰もいないからといってたばこをポイ

第7章 「他人の視点」の獲得──道徳性の変化

捨てすると……、どこかで、誰かが被害を被っていることがありうるわけです。社会で生活していくうえで、自分の自由を求めながらも、他人もまた自由を求めていることに気付き、互いに権利を侵害しないよう、配慮し合う力を持つことは重要です。そして、その力の必要性を認識できるようになることが重要になるわけです。

5歳児でも、「自分だけ、多く取ってる‼」というように、利益を独り占めしているか否かについてわかってきます。ただし、このころはまだ、目に見えるものでしかわからないということと、時間や場所を超えて想像できない、という難しさがあります。目に見えない精神的なものや時間といったことに関しても、相手を配慮できるようになるには、9歳や10歳ごろにならないと難しいと考えられています。相手の頭の上に、マンガに描かれるような「吹き出し」が想像できるようになることがとても重要になってきます。

一見、他人に迷惑をかけていないようでも、みんなが頑張っているときに参加しないでいることは、集団の士気を衰えさせたりします。つまり、人は生活の中で敏感に影響を及ぼし合っているわけです。

世界には至るところに、いまだ解決ができない問題があります。資源の利権や土地などをめぐって、国によっては驚くべき時間をかけて戦争が続いています。

その背景には、経済的な不公平だけではなく、歴史的に虐げられていた時間が長かったことを恨んだり、愛情の少なさに対する怒りや、報復への欲求などがあるのです。底なし沼のように、富、愛情、時間、すべてにおいて、どれだけあれば人は満足できるのでしょう。もっともっとという欲が、事態の収拾を遠い先にしているようです。

人間は、ものごとを対立の構図としてとらえがちで、天から人間界を見るような視点で解決することを苦手にしているのかもしれません。

しかし、あきらめていてはいけません。こうした問題を少しでも解決していくためには、少なくとも、他人の立場を推測し、理解しようとする「役割取得能力」を育んでいく必要があると思います。

「私」という視点から、身近な「あなた」の視点が取れるようになり、やがて、彼や彼女といった第三者の視点が取れるようになることが大切です。中学生になれば、会ったことのない人の立場でも、情報さえあれば推察することができるようになります。「彼ら」といった集団の視点にも立てるようになります。

相手の内面を想像し、互いの視点を調整できるようになる

第7章 「他人の視点」の獲得——道徳性の変化

セルマン (Selman, 1980) は、円滑な対人関係を維持するためには、自分の視点と他人の視点の違いに気付き、うまく葛藤を解決していくことが重要だと考えました。そして、この他者の視点、立場を推測することを、「役割取得 (role-taking：最近は、社会的視点調整能力と呼ばれています)」と呼び、この力がどのように発達をしていくかを明らかにしました。

研究では、道徳的なジレンマ課題（ホリーの課題等）が用いられました。例話の要約をつぎにまとめました。

例話：
「ホリーは木登りが大好きな8歳の女の子です。ある日、高い木に登ろうとして、うっかり落ちてしまいます。近所でもいちばん木登りが上手です。けがはしなかったのですが、お父さんがその状況を見ており、これからは木登りをしてはいけないとホリーに約束をさせます。後日、ホリーは、友達のショーンと出会い、ショーンの子猫が木から下りられずに困っていることを知ります。すぐにどうにかしないと今にも落ちてしまいそうな状況にあります。ホリーなら木に登って助けられそうですが、お父さんとの約束を

195

「思い出します」

質問：
「ホリーは、ショーンが子猫にどんな気持ちを抱いていると感じていますか？」
「ホリーがもし木に登っているのをお父さんが見たら、お父さんはどうするとホリーは思いますか？」
「あなたならどうしますか？」

このような質問を投げかけ、表17のような発達段階を明らかにしています。この例話への反応をもとに、ホリーの気持ちに立てるか、約束したお父さんの立場に立てるか、といった基準と見合わせながら、役割取得のレベルを明らかにすることができます。

9歳、10歳は、レベル2の「二人称相応的役割取得段階」の子どもたちが多くなります。つまり、他人の視点から自分の気持ちや行動を推測できること、また、他人もそうすることができることを想像できるようになります。

したがって、互いに相手の内面を想像できるようになり、また同時に、その限界や難しさ

表17 役割取得能力の発達段階

レベル0　自己中心的役割取得（3〜5歳）

自己と他者の視点を区別することが難しい。同時に、他者の身体的特性を心理面と区別することが難しい。

レベル1　主観的役割取得（6〜7歳）

自分の視点と他者の視点を区別して理解するが、同時に関連づけることが難しい。また、他者の意図と行動を区別して考えられるようになり、行動が故意であったかどうかを考慮するようになる。ただし、「笑っていれば嬉しい」といった表面的な行動から感情を予測しがちである。

レベル2　二人称相応的役割取得（8〜11歳）

他者の視点から自分の思考や行動について内省できる。また、他者もそうすることができることを理解する。外から見える自分と自分だけが知る現実の自分という2つが存在することを理解するようになる。したがって、人と人とがかかわるときに他者の内省を正しく理解することの限界を認識できるようになる。

レベル3　三人称的役割取得（12〜14歳）

自分と他者の視点以外、第三者の視点をとることができるようになる。したがって、自分と他者の視点や相互作用を第三者の立場から互いに調整し、考慮できるようになる。

レベル4　一般化された他者としての役割取得（15〜18歳）

多様な視点が存在する状況で自分自身の視点を理解する。人の心の無意識の世界を理解し、主観的な視点を捉えるようになり、「いわなくても明らかな」といった深いところで共有される意味を認識する。

（注）役割取得能力は、社会的視点調整能力とほぼ同じ意味としてここでは用いられている。後者の方が包括的な意味合いが強い。

（渡辺弥生　2001　より引用）

についても認識できるようになります。

また、セルマンは、こうした役割取得のレベルと、行動が、密接にかかわっていることを主張しました。

行動としては、対人交渉方略のタイプがあり、大きく二つに分けられます。「他者変容志向」（他人を変えようとするタイプ）と「自己変容志向」（自分を変えようとするタイプ）の二つです。

そして、互いの視点を調整していくレベルが向上していくことによって、他者変容志向も、自己変容志向も、変化していくことが指摘されています。

つまり、相手の立場に立つ力がレベルアップすると、しだいに、他者に暴力をふるったり、状況から逃避するような行動を選択しなくなり、社会に受け入れられる「話し合い」という賢明な行動を選択するように変容していく過程が明らかにされました（図24）。

近年ではセルマンは、この社会的視点調整のレベルが、「対人理解」（社会的文脈における対人関係における危機の本質を理解しているレベル）や、「個人的意味」（個人的な関係の質）、および「対人スキル」（リスクを回避する方略）の三つがつねに関連し合っているというモデルを提唱しています。

図24　社会的視点調整能力と対人交渉方略

相互的な目標を持ち、新しい考えを創造し、自己と他者の双方のための目標を協力して掲げる。そのために内省し、考えを共有する方略。

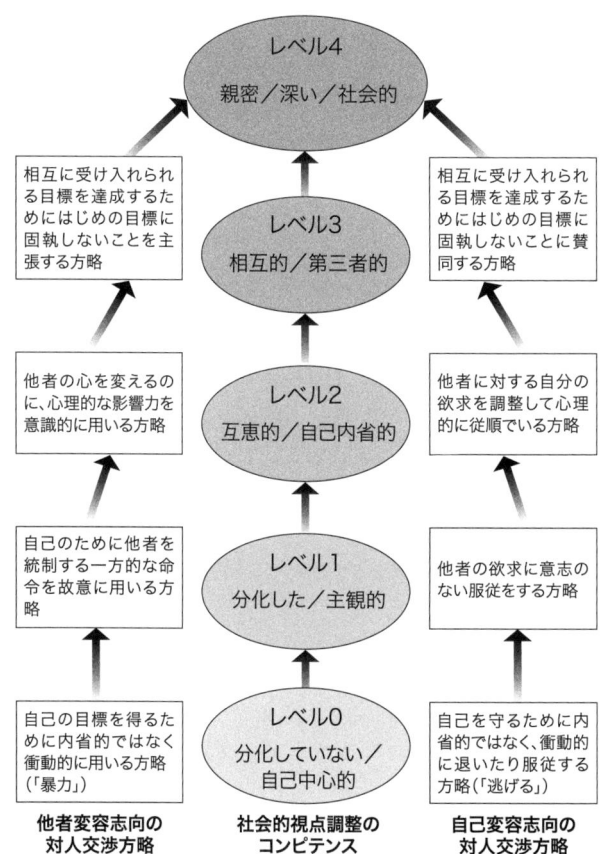

```
                    レベル4
                 親密／深い／社会的

相互に受け入れられ                          相互に受け入れられ
る目標を達成するた                          る目標を達成するた
めにはじめの目標に                          めにはじめの目標に
固執しないことを主      レベル3              固執しないことに賛
張する方略           相互的／第三者的         同する方略


他者の心を変えるの                          他者に対する自分の
に、心理的な影響力を    レベル2              欲求を調整して心理
意識的に用いる方略    互恵的／自己内省的       的に従順でいる方略


自己のために他者を                          他者の欲求に意志の
統制する一方的な命      レベル1              ない服従をする方略
令を故意に用いる方    分化した／主観的
略


自己の目標を得るた                          自己を守るために内
めに内省的ではなく                          省的ではなく、衝動的
衝動的に用いる方略      レベル0              に退いたり服従する
（「暴力」）         分化していない／          方略（「逃げる」）
                   自己中心的

  他者変容志向の       社会的視点調整の          自己変容志向の
  対人交渉方略         コンピテンス           対人交渉方略
```

(Selman. 2003 より引用)

トラブルを解決する能力ができてくる

こうした、理論的な枠組みをもとにエビデンスをベースに開発された、いじめなどの対人関係の危機を予防する心理教育プログラムとして、本書の最後の章に述べるような「VLF (Voices of Love and Freedom) 思いやり育成プログラム」などがあります（渡辺、200 1、Selman, 2003）

先に述べたこの対人交渉方略は、4つのステップをとると考えられています。
①問題の定義（トラブルの原因は何かを考える）、②方略の産出（解決方法をたくさん考える）、③方略の選択（複数の方略の中でベストな方法を選ぶ）、④結果の評価（方略によって生じた結果を評価する能力）、です。

つまり、こうした能力が高い子どもは、何かもめごとが生じても、何が問題かを理解し、いくつかの有効な手段を考えたうえで、どれがこの状況にもっともふさわしい解決かを選び、その方法を選択できます。そして、自分や相手がその選択をすると、どのようなことになるかを予想したうえで、それを実行できるということになるのです。

私の研究室で、つぎのようなトラブルのエピソードを与えて、小学校2年生から6年生で、

第7章 「他人の視点」の獲得——道徳性の変化

エピソードは、「学校が終わったあと、仲のよいお友達といっしょに、今日はなにをして遊ぼうかと話し合っていたら、お友達が『外で遊ぼう』と言いました。あなたは家で遊びたいと思っています」でした。

その結果、問題の定義の部分では、2年生において、「外は危ないから」などといった、この問題そのものを把握していない理解が多くありました。

それが、5年生になると、自分と友達の意見が割れているといった説明ができるようになっていました。

方略の産出についても、4年生まではどちらかが主張するということで終わってしまう傾向が強いのですが、5年生では、じゃんけんをしたり、交代をしたりと、自分にとっても他人にとってもしたいことができるように配慮していました。

方略の選定も、女子の方は、「先に外で遊んで、後で家で遊ぼう」といったギブ・アンド・テイクや、時間による解決を含む提案が多く出ていました。ただし、結果の評価については、お互いの気持ちを推測するのは難しいようでした。

このように、トラブルを解決する能力も、小学校中学年から高学年でかなり発達している

ことが示唆されます(渡辺弥生、2007)。

◎「道徳性」の発達における9、10歳

自分以外の人の立場に立てるようになり、第三者や集団、社会といった視点も理解できるようになります。また、公平や権威といった概念の背景にある意味について悟るようになり、具体的な能力や貢献度といったことを重視しますが、みんなのために考えてくれる人といった公についての理解も深まってきます。

第8章　9歳、10歳の子どもとは？——まとめ

これまでの章で見てきたように、考え方、感情、思考、友達関係、道徳性など、さまざまな領域での9歳や10歳の発達について概観してみると、9歳、10歳の子どもたちのおおよその平均も加えて、平均的な9歳、10歳のプロフィールをつくってみました（図25）。

【9、10歳の身体の発達（平成21年度の文部科学省の統計より）】

①身長（平均）

9歳男子……133・6センチ、10歳男子……138・9センチ

9歳女子……133・5センチ、10歳女子……140・3センチ

10歳になると、女子が男子よりも身長が高くなることがわかり、小学校高学年における男子、女子の異性への心理状況にも何かしらの影響を与えているかもしれません。

② 体重（平均）

9歳男子……30・6キロ、10歳男子……34・2キロ

9歳女子……30・0キロ、10歳女子……34・1キロ

体重については、女子が身長にかかわらず、男子よりも軽いことがわかります。

③ 運動能力（平均）

50メートル走

9歳男子……9・65秒　10歳男子……9・35秒

9歳女子……9・93秒　10歳女子……9・54秒

立ち幅跳び

9歳男子……147・12センチ　10歳男子……154・54センチ

9歳女子……138・73センチ　10歳女子……147・61センチ

図25　9・10歳の身体の発達

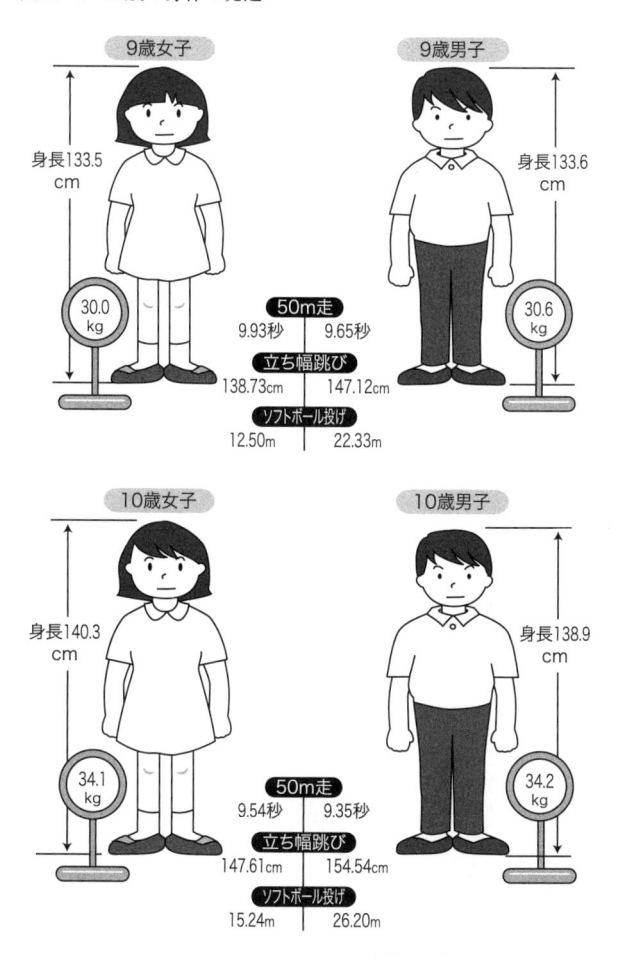

9歳女子
身長133.5cm
30.0kg

9歳男子
身長133.6cm
30.6kg

50m走
9.93秒　9.65秒
立ち幅跳び
138.73cm　147.12cm
ソフトボール投げ
12.50m　22.33m

10歳女子
身長140.3cm
34.1kg

10歳男子
身長138.9cm
34.2kg

50m走
9.54秒　9.35秒
立ち幅跳び
147.61cm　154.54cm
ソフトボール投げ
15.24m　26.20m

（平成21年度の文部科学省統計 より）

ソフトボール投げ　9歳男子……22・33メートル　10歳男子……26・20メートル

9歳女子……12・50メートル　10歳女子……15・24メートル

驚いたことに、「投げる」ということについては、男女の差がかなり大きいことがわかりました。

【9、10歳の「自分」】

自分だけではなく、他人のことについても、自分のことのように考えたりできるようになっています。特に、他人の行動から、その人が何を考えているのだろうとか、どんな気持ちでいるのだろうか、といったことを予測したりすることができるようになります。つまり、行動の背景にある、感情や考え方まで想像することができるようになるのです。

また、自分に対しても、他人から見るような視点の取り方ができるようになります。自分のだめなところを、客観的に見られるようになるというわけです。

そのため、それまでは、「自分ってすごい、足も速いし、算数も大好き」なんていう万能感が強かったのに、しだいに、「たいしたことないや」、といった劣等感が強まり、自尊心が

第8章　9歳、10歳の子どもとは？——まとめ

下がります。

ただし同時に、自分を、運動、勉強、友達関係、などカテゴリーに分けてとらえられるようにもなるので、複数の視点から自分を見つめることができるようになります。

「国語はいいけど、スポーツはだめ」といった見方をしたり、時間においても、「先週はだめだったけど、今週は調子がいい」といった見方ができるようになるわけです。

子どもたちには誰でも、それぞれ必ず得意な部分やよいところがあるはずなので、悪いところや問題点ばかりを指摘するのではなく、よいところをどんどんほめてやり、「人には得意なこともあれば不得意なこともある」ということや、「いろいろあるから、頑張ったり楽しんだりできる」ということなどを、大人の側が伝えていく努力をすることが、この時期には特に必要です。

【9、10歳の「考える力」】

9、10歳には、さまざまな認識の領域で、量的にというよりはむしろ、質的に変化する時期だと考えられます。言葉がたくさん増えるとか、考える量が多くなるというよりも、レベルアップするという感じです。

先に述べた「自分」についてと重複しますが、自分と他人、主観的な自分と客観視できる自分、時間の軸の中での今の自分と未来の自分、など、ものごとを相対化させてみるといった高次の認識が可能になってきます。

ただし、この年齢では、この質的な変化が、スムーズに移行できる人と、停滞してしまう人とに分かれやすく、全体的には、不安定になる時期とも言えます。そのため、認識の枠組みをステップアップできるように、適切な支援が必要なときです。

それぞれの子どもたちの考え方や、考えられる内容をよく理解してやったうえで、他にも考え方があることや、ユニークな見方、考えること自体の楽しさを伝えられるように、あせらずサポートしてやれば、成熟した考え方に構造化されていくことと思います。

悩んだり、ジレンマにおちいることは、新しい心の成長の証しです。そうしたジレンマを、大事にそのまま、まず受け止めてやることです。つまり、すぐに答えを出すのではなく、「○と△だと、どちらがよいか悩んじゃうね」などと、その気持ちを受け止めてやることが大切です。

そのうえで、上から目線で強制するのではなく、「こんな考え方をするとどうだろう？」と、あれこれ考えること自体の楽しさを教えてやればよいのです。

第8章　9歳、10歳の子どもとは？──まとめ

ゲームにはまってしまいやすい年ごろでもありますが、複雑なゲームのルールを会得して、あの手よりもこの手では、と、嬉々としてはまっている子どもたちのことを考えると、本来は、現実の生活でもそうした力を発揮できる潜在能力があると思います。

ただ、持っている道具についての洞察や、どんな力を自分が発揮できるか、相手はどうだろうか、といったことを自分で考え出す力は未熟です。ゲームのように、見えない問題を具体化してやりさえすれば、子どもたちは、柔軟に考える力を身に付けていくことができることでしょう。

そして、道具に支配されずに、道具をうまく使うメタ認知を育んでいきたいものです。

【9、10歳の「感情」】

9、10歳は、「感情」というものを対象化して考えられるようになり、それを文章や会話の中でも表現できるようになる年齢です。「今日は、友達が風邪で休んでいて、なんだか寂しかった。寂しい気持ちを吹き飛ばすために、おもしろい本を読んだ」というように、自分の心の中に、気持ちがあることに気付くことができるようになるのです。

また、間接的な表現から相手の気持ちを汲むことなどもできるようになります。「今、忙し

い」という表現から「遊びたくないのかも」といった本音を探り出せるようになるわけです。

ただし、自意識過剰になる傾向が強いため、そこまで考える必要がないのに、考えすぎたりします。また、傷付くのを恐れて、自分の気持ちを伝えたり、相手の気持ちを一歩踏み込んで尋ねることができずに感情を抑え込んでしまったりします。そのため、自分で自分をどうすればよいかコントロールできない状況もでてきます。

そこに、第二次性徴におけるホルモンの分泌や、受験などの環境の影響も受け始めるようになることから、しだいに、大人からすると扱うのに手をやく、難しい年齢に入ります。

【9、10歳の「友達関係」】

親の言うことには従うべきだという考えが弱まり、友達との友情が強くなる時期です。大好きな友達や仲間のために、なんとかしたいという思いやりが強まる一方で、友達の目がすごく気になる時期でもあります。

そのため、友達ができない場合には、友達とかかわれるように支援してやることも必要ですが、友達がいるからこそトラブルが多い子どももいます。経験の中で適切なソーシャルスキルを学ばせながら、互いにサポートし合うことができるように支援していくことが大切で

第8章　9歳、10歳の子どもとは？——まとめ

友達を思いやる気持ちが強くなるとともに、だからこそ、友達に裏切られたり嫌われたりすることを恐れるようになります。時間的な見通しの力も付くので、ちょっとした友達との誤解が、数カ月、ときには1年以上続くかもしれないなどと、予想できるようになるのです。そういう意味では、意地悪を一時的なものではなく、陰湿で長期化するように仕組むこともできるようになり、しだいに「いじめ」という構造が成立しやすくなります。

ですから、加害者も被害者も生み出さないように予防をしていくためには、成熟した道徳的な価値観と、友達とうまくかかわるソーシャルスキル（第9章で効果的なプログラムを紹介します）を教えていくことが必要です。

【9、10歳の「道徳性」】

自分以外の人の立場に立てるようになり、自分と親しい人だけではなく、しだいに、第三者や集団、社会といった視点も理解できるようになります。ただし、個人差が大きく、自分のことしか考えられない子や、親しい友達のことだけでいっぱい、といった子どもたちが、クラスに交じりやすい時期です。

ですから、役割取得能力を育てることが必要です。自分の視点や立場だけではなく、他の人の視点や立場に立つ練習です。

道徳の時間を最大限に利用しながら（第10章で、効果的な道徳実践を紹介します）、社会での歴史や地理を通して、その時代やその場所で生きる人たちがどのようなことを考え、感じていた（いる）のか、またそれはなぜなのか、といったことを考えることは、時代や場所を超えて人間に共通した価値を考えるうえで、重要な土台になります。

国語では、道徳的な価値をふまえたうえで、具体的にどのようにコミュニケーションすることが求められるのかを、読む、書く、話す、聞くを通して学ぶことができます。理科や算数、体育、家庭科などでは、ペアやグループで助け合って問題解決を図るなどの手段を使って、友達と助け合ってすることで、より大きな問題解決ができることを学ぶことができます。

このような経験の中で、公平や権威といった概念の背景にある意味について悟るのです。

具体的な能力や貢献度といったことを、このころは重視しますが、みんなのために考えてくれる人といった「公」についての理解も深まってきます。

いかがでしょう。だいたいイメージできましたでしょうか？　思ったより、ゆっくりの発

212

第8章　9歳、10歳の子どもとは？——まとめ

達でしょうか？　お子さんの、目に見えるいろいろの変化の理由・背景がわかりましたでしょうか。

身近にいる親ほど、親自身の期待が強いこともあってか、親の気持ちを子どもに投影しがちです。そのため、せっかちな親は、もうこれくらいできていてもいいだろうと、早め早めに背中を押しがちです。他方、過保護や甘やかしがちな親であれば、まだまだこれくらいでいいよ、と子どもの背中を後ろに引っ張りがちです。

大事なことは、親自身の期待を満たすことではなく、子ども自身が、親とは独立した人間として成長していくことなのですから、まずは目の前の子ども自身の成長をよく見ることが大切です。

ちょうど、9歳、10歳の子どもたちは、それまでは親の背中を見ながらひたすら遅れまいと付いてきていたのが、しだいに、親と並走し、ときには親を抜いて行ってみたくなる時期にかかるのかもしれません。ですが、実際には、ジレンマや葛藤を抱えていて、まだまだ自力で乗り越えていくことは難しく、少し後ろから背中を押してもらったり、ときにはまた親の後ろに下がりつつも、つぎへの飛躍に備えるような時期にあたる段階でもあるのです。

213

第9章 9歳、10歳の「社会性」を育てる支援

ここまでは、9歳、10歳の発達、育ちについて、発達心理学の領域で明らかにされていることを紹介しました。

放っておくだけでは育ちにくい、「社会性」と「道徳性」

こうした発達の様子をお伝えすることは、ときに勘違いをまねくおそれが、実はあります。つまり、放っておいても、自然にそのような発達的な特徴を示すのではないか、という勘違いを与えがちです。もっと言えば、何もしなくても、そのように発達するメカニズムが、人間のどこかにプログラムされているような気にさせてしまうということです。

ですが、実は、こうした発達は、もちろん生物的に備わっているものもありますが、多く

第9章　9歳、10歳の「社会性」を育てる支援

の場合、周囲の大人が支援し、環境を整えてやることも必要なのです。

そこで、どんな支援のしかたがあるかについて、一部ではありますが、いくつかご紹介したいと思います。

この第9章では、「社会性」を育てるプログラムを、次章（第10章）では、「道徳性」を育てるアプローチを紹介します。この「社会性」と「道徳性」の違いを説明するのは、難しいのですが、言葉自体が違うように、やはり中身の概念も違います。

社会性は、対人関係を円滑に営むための、考え方、言葉、ルール、態度のようなものを身に付けることを指しますが、道徳性は、対人関係における人権や福祉、公正、正義などの価値観を重んじるものです。

社会性と道徳性に違いがあることは、日常生活のさまざまな経験を考えてもわかります。仲間関係が築けていても、非行のように道徳的に逸脱している人もいますし、道徳的に高いレベルの考えができても、人とかかわらず孤立している者もいます。一般には、ほどほどに望ましい家庭教育、学校教育を受けていれば、社会性も道徳性もそれなりに関係し合って、双方を身に付けていくものですが、ときに、バランスの悪い子どもたちがいます。友達関係を持ちながらも、いじめてしまっているいじめっ子や、仲のよい友達同士の集団

内では絆が強い一方で、外集団に対しては暴力をふるう子どもたちなどは、道徳性に欠けています。

また、道徳的には厳しく自分を律することができていても、他人とはうまくかかわれない子どもたちがいます。私もうまく説明することはできませんが、あまりに道徳的な姿勢が強すぎると、頑固で近づきがたい存在になり、仲間関係を築くことが難しくなることがあるようです。

普段の生活の中では、ルールを守るか、友達の言うことを聞くか、といったジレンマを経験することはたくさんあり、社会性と道徳性の両方にかかわる難題はいくらでもあります。数学のように明らかな正解を見つけることは難しいのですが、こうしたやっかいな問題を解決していくためには、社会性と道徳性の双方を、バランスよく育てていかなければならないのです。

思春期の荒波がくる前に、発達の基盤をつくる

たとえば、つぎのような課題を考えてみましょう。

第9章　9歳、10歳の「社会性」を育てる支援

対人関係のトラブル

 小学校4年のA君という男子に関して、「勝手に話に入ってくる」といった苦情がクラスメイトから集中していました。また、ある月の調査で数人の男子が「A君が同級生にお金を渡している」と書いてきました。A君はJ君にゲーム機を貸すと約束したのにもかかわらず、なかなか貸してくれないので、J君は約束違反の罰金としてA君にお金を要求しており、実際、A君はJ君にお金を渡していたのです。
 A君は「ゲーム機を貸して、もっと仲よくなりたかった。でも、ゲーム機を紛失してしまい、貸せなかった。自分が悪いのだから罰金はしかたない」と話しました。
 こんなトラブルが持ちあがったとき、あなたは、このトラブルを解決するために、何が一番問題だと思いますか。そして、どういう対応を誰にするのがベストと考えるでしょう。
 もし、A君の対人関係の持ち方が未熟であるとか、「A君がうまく友達をつくれないから」、そして、「クラスのみんなもうまく接してあげられないから」、という点に一番の問題を感じたようでしたら、それは社会性の問題となります。
 そうであれば、社会性の問題を解決する対応をすることになりますから、具体的には、

217

「友達をつくれるような力」を育てられるように対応していくことになります。つまり、社会性を育むアプローチが必要になります。その一つの方法として、ソーシャル・スキル・トレーニング、というプログラムが活用できますので、この章で後ほど紹介します。

また、最初のトラブルを、先のような社会性の問題のとらえ方ではなく、「友情をお金で買えると思うのは間違っている」「約束を破るということがどういうことかわかっていない」という点が問題だと考える場合には、道徳性の問題になります。

この場合は、「友達とは何か」「正義とは何か」といった道徳的な価値を考えることにつながります。したがって、生活の中でぶつかるこうしたさまざまな価値に目をむける力を育む対応を考えていく必要があります。そのための方法の一つとして、「VLF思いやり育成プログラム」というアプローチがあります（第10章で紹介します）。

こうした社会性や道徳性を育てるプログラムは、特定の年齢の子どもだけが対象というわけではなく、すべての年齢に適用が可能です。

ですが、この本で焦点を当ててきている、9歳、10歳の子どもたちは、「具体的な考え方から抽象的な考え方に変わるとき」「親子関係から友達関係が大事になるとき」「第二次性徴の始まるとき」「複雑な感情に気付くとき」などさまざまな変化があるときです。

第9章　9歳、10歳の「社会性」を育てる支援

それを考えると、この時期に、きちっと社会性と道徳性の発達の基盤をつくっておくことは、もう少し後でやってくる思春期の荒波を乗り越えていくうえで、非常に大事なことだと思うのです。

（1）ソーシャル・スキル・トレーニングとは

急速に周知された「新しいスキル」

さて、ここからは、社会性を育てるプログラムについて紹介していきましょう。子どもたちの社会性を高め、いじめなどを予防するプログラムとして、「ソーシャル・スキル・トレーニング（Social Skills Training：以下SST）」というプログラムが、今、全国津々浦々の学校現場において周知されるようになりました。

このプログラムは、1996年に拙著ではありますが、書籍にまとめています（『ソーシャル・スキル・トレーニング』日本文化科学社）。

そのときは、こんなカタカナの長い名前のプログラムは受け入れられない、といった雰囲気が、学校現場では強かったものです。

しかし、時代は変わります。今では、学校だけでなく、病院や会社などのさまざまな領域で活用されています。

ここでは、特に、教育の場で用いられているSSTについて説明したいと思います（渡辺・小林、2009）。

発達的な視点から見ると、幼児期後半に入ると、ままごとや、電車ごっこといった、「ごっこ遊び」ができるようになります。つまり、お互いにイメージを共有して、友達と楽しく遊べるようになるのです。しかし、この時期にはすでに、明らかに友達と楽しくかかわれない子どもの存在に気づくことが少なくないと指摘されています。

具体的には、自発的に友達とかかわれないようなひっこみ思案の子どももいれば、すぐに手が出るなど乱暴モノの烙印をおされてしまっている子どももいます。そして、友達とうまくかかわれるか否かは、「ソーシャルスキル」が獲得されているかどうかに原因があると考えられています。

つまりこのような、友達関係をつくったり、維持していけるような人間関係のコツのようなものを、ソーシャルスキルと呼んでいるのです。

第9章　9歳、10歳の「社会性」を育てる支援

人とかかわるコツを学び落としている子どもの増加

このスキルは、特別なものではありません。生まれてから幼児期までの5、6年の生活経験の中で、親や身近にいる人から直接教えられたり、身近にいる人をモデルとして、よい例や悪い例を観察して学んでいくものです。

昨今は、家庭での教育力が低下し、また子どもの数が少なくなり、友達同士で遊ぶ機会が少なくなっていると言われています。このような社会的な背景を考えると、親や親戚から教えられることや、きょうだい、友達などのお手本を見る機会も少なくなっているわけですから、友達とうまく遊ぶコツを学び落としている子どもたちがいても、不思議ではありません。

就学のころになっても適切なかかわりの機会が望めないようであれば、ごっこ遊びなどの仲間集団からの学びが少なくなってしまうことが考えられます。友達と遊ぶ経験が少ないと、小学校に入っても社会性がないために敬遠されがちになり、「ひっこみ思案」や「乱暴」「わがまま」といったレッテルが貼られてしまうことがあります。

低学年での周りの評価は、「勉強ができる」とか「スポーツができる」とかいうことより は、むしろ「お友達と遊べる」「先生のお話を聴ける」など、社会性で評価されがちなので、ある程度のソーシャルスキルを身に付けていることが求められます。また、友達と仲よく交

われることは、協同学習やモデルによる学習、また友達からのフィードバックを得ることで学ぶ意欲や動機づけを高めることにもつながり、学力にも影響してくると考えられています。したがって、前述のような「気がかり」を少しでも感じたときは、積極的にソーシャルスキルを学べるように大人がかかわっていくことは、子どもたちの発達にとってとても役立ちます。

特に、9歳、10歳で、かつてはよく見られた「ギャング・グループ」のような強い絆で結ばれた子どもたちの集団が見かけられなくなったことを考えると、代わりに学校が友達とかかわる機会をたくさん与え、そこでどんなことを学べるのか、何を学ぶことが大切なのかを提示していくことが必要になっているのです。

「性格」のせいにしない！

それでは、まず、「ソーシャルスキル」の視点から子どもたちをとらえるということが、どういうことなのかについて、考えてみましょう

つぎの相談について考えてみましょう。ある親からの相談なのですが、あなたならどのように対応しますか？

第9章　9歳、10歳の「社会性」を育てる支援

ある親からの話

B男のことなんですけど、日ごろから乱暴で、言い方がきついんですね。他の友達からもかなり嫌われているようなんで、「もうちょっとやさしく話した方がいいんじゃないの」って何度かアドバイスしてるんですけど、ぜんぜんだめです。本当にわがままな性格なんですけど、どうすればいいですかねぇ？

この相談の内容から、この親御さんの子どものとらえ方に、「あれ、ちょっと困ったな」と考えてしまいます。いったいどうして困ったということになるのでしょう？ その答えとなる4つの問題と支援の方向について以下にまとめてみました。

①主観的な印象のみで話さず客観的に見る

「日ごろから乱暴」「言い方がきつい」「他の友達から嫌われている」など、親の主観的な印象で語られています。そのため、実際に、B男がふだん、どのような行動をとっているのかといった客観的な事実がわかりません。

たとえば、「日ごろから乱暴」というのは、毎日のように人をたたいているのか、2、3日に1度けんかをしているのか、さっぱりわからないわけです。具体的にどのような行動を用いたか、どんな行動をしているのか、客観的な事実を明らかにして、印象などの主観的な評価と混同しないことが大切です。

② 抽象的な教え方をせず具体的に

「やさしく話しなさい」という言葉かけは、簡単な言葉のようで、実は抽象度が高く、いったいどのような話し方をすれば、友達や親、先生が「やさしい」と評価してくれるのかがわかりません。

「お友達が泣いていたら、だいじょうぶ？ って聞いてごらん」といったように、具体的に何をすればよいのかについて、教えてあげることが必要なのです。

同様に、「仲よくしなさい」「落ち着きなさい」「頑張りなさい」といった、日ごろ大人がよく口にする言葉がけも同じです。すべて抽象的で漠然としているので、具体的な行動をその子がわかるようにかみくだいて伝えることが肝要です。

第9章　9歳、10歳の「社会性」を育てる支援

③ **だらだらと同じ対応の繰り返しをしない**

教育は忍耐であり、継続も必要ですが、まったく変化しそうにないことを何度もくどくど言って、さらに互いにイライラするようなかかわりは悪循環です。自分の対応と子どもの様子をよく見て、うまくいっていないのはなぜかをクールに考え改善していくことが必要です。

④ **性格のせいにせず、教えてあげる**

大人は、子どもの問題をよく性格のせいにしがちです。「乱暴な性格ね」「内気な性格ね」と。しかし、悪い性格のせいにされて、子どもは変化しようと思うでしょうか。いいえ、ますますその枠組みにはまるような行動に追い込みがちです。

しかも、性格のせいにすることは、子どもに原因をなすりつける考え方ですから、親や先生はだんだんかかわりを減らしてしまうことになりがちなのです。無意識に責任転嫁をしていることがよくあります。

そうではなく、「まだ、具体的にやさしい行動のしかたを知らないから」「人にかかわる行動のコツを知らないから」と考えることが大切です。

「未熟なだけ」「練習すればうまくなる」という発想に切りかえる

前に述べたように、ソーシャルスキルというとらえ方をすることによって、多様でシンプルな支援のしかたを提案することができます。つまり、「気がかりな」点を性格のせいにせず、まだソーシャルスキルが未熟、あるいは知らない、下手だと考えるのです。

これは、必ずしも質的にだめだということではありません。熟練が足りないと考えるわけです。ですから、対応は、トレーニングしだいでうまくなるという考え方をします。「知らないから教えてあげる」「考え違いをしているから適切な知識を教えてあげる」「自信がないようだからほめて自信を持たせてあげる」といったかかわりです。

そして、子どもたち自身に、「練習すればうまくなる！」という信念を持たせ、動機づけを高めていくことが肝心です。

(2) ソーシャル・スキル・トレーニングの理論と対応

認知を変え、感情を変え、行動を変える

それでは、実際のSSTは、どんな考え方を背景にしているのでしょう？

図26 ソーシャルスキル教育におけるモデル

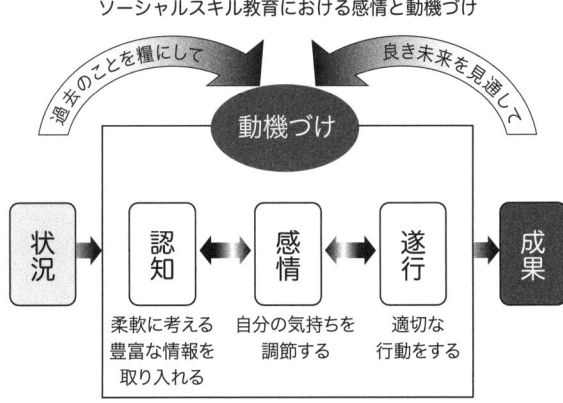

ソーシャルスキル教育における感情と動機づけ

過去のことを糧にして　動機づけ　良き未来を見通して

状況 → 認知 ⇔ 感情 ⇔ 遂行 → 成果

認知：柔軟に考える　豊富な情報を取り入れる
感情：自分の気持ちを調節する
遂行：適切な行動をする

特に、法政大学のゼミ生と私が現在展開しているSSTは、図26のように、「認知」「気持ち（感情）」そして「行動（遂行）」の3つの側面からトレーニングを試みています。

私たちは、ある状況に直面したときに、その状況にふさわしい行動をあれこれと考えます。

たとえば、肩と肩がぶつかったとき、すぐに「わざと相手がやった」と考える人もいれば、「私が悪い」と考える人もいます。つまり、これは考え方の違いです。

攻撃的なとらえ方や信念しかない人もいれば、柔軟に多様な考え方ができる人もいます。

そこで、トレーニングをしていろいろな考え方を取り入れ、柔軟に考えられるようにしま

227

何度も練習することで、体得させるステップ

す。パソコンのデータベースに、たくさんのソフトを入れるようなイメージです。

しかし、たとえば、人をいじめてはいけないと考えられるようになっても、イライラや嫉妬、怒りといった感情を調節できないと、実際には攻撃的な行動に出てしまいがちです。

そのため、考え方という認知の面だけではなく、感情を調節するといった感情面についても練習します。

さらには、選んだ行動が攻撃行動であったり、その場から逃げるといった逃避行動であった場合には、不適応を招きます。そのため、状況にふさわしい行動ができるように、行動レパートリーを増やして、ベストな選択ができるように行動面の練習もします。

他方、こうしたプログラムの流れの中で、過去の経験から「現在をよりよく生きよう」と思ったり、他方、少し先の未来を見通して、「未来を明るくするために、今頑張るぞ！」と思ったりするような、動機づけを高めることも大切だと考えています。

（3）実践例――気持ちを伝えるスキルの練習！

第9章　9歳、10歳の「社会性」を育てる支援

つぎに、具体的に小学校中学年を対象にした練習を紹介しましょう。学校での例をあげますが、親子でもできます。

まず見ておきたいのが、ソーシャル・スキル・トレーニングの実際の展開です。次のような6つのステップをとります。

① **ウォーミングアップ**……気持ちをほぐすために、深呼吸をしたり簡単なゲームをします。

② **インストラクション**……言葉で、取り上げるスキルの大切さを教示します。「自分の気持ちを伝えることは大事なことだけど、うまく自分の感じている気持ちを相手に伝えるのは難しいよね。今日は、相手に気持ちをうまく伝える方法をためしてみましょう」といったように、言葉でわかるように伝えます。

③ **モデリング**……上手に気持ちを伝えられているモデルをよいモデルとしてみせたり、逆に、うまく気持ちが伝えられないモデルや、すぐイライラして怒ってしまうモデルを、悪いモデルとして見せてもよいかと思います。うまく伝えられない心の声をつぶやくモデルも、気持ちや葛藤に気付かせる練習になります。どこがよいのか、どこが悪いのかを、具体的にモデルを活用して教えます。

④ リハーサル……知識を自分の考え方のデータベースや行動のレパートリーに落とし込むためには、何度もリハーサルをして、体得していく必要があります。友達や先生から「ここがいいよ」とか、「こうするといいよ」といったフィードバックをもらいながら、練習します。

⑤ フィードバック……うまくできたところやちょっと変えた方がよいと思ったことを、具体的に教えてあげます。「大きな声で言うと、もっといいね」「○○ができてて上手だね」「すごくやさしかった」などです。

⑥ ホームワーク……学校でうまく行動できるようになっても、他の場面でできないと、学んだソーシャルスキルを維持することが難しくなります。ですから、お家の方や、他の方々にも理解を深めていただいて、子どもたちがスキルを発揮できたらほめてあげたり、認めてあげる環境づくりをすることも大切です。

何度でも練習できること、また実際の生活においても、失敗してしまったときにはいくらでも取り戻せることを伝えます。

また、考え方を変えると不思議なことに気持ちも変わってくること、そして、気持ちが変

第9章　9歳、10歳の「社会性」を育てる支援

われば行動も異なってくること、などに気付かせることもできます。

たとえば、友達を怒らせてしまっても、「何がお友達を怒らせてしまうのかを知ることができたんだから、今度からそのことについて気を付けたらよいのよ」と、学ぶためのよい機会だったことを伝えます。そのうえで、『○○ちゃんが、これを嫌いだったのを知らなくてごめんね』と謝ると仲直りできるわよ」と伝えてあげれば、具体的な行動についても教えてあげられることになるのです。

感情の種類に気付き、伝え方を知る

ここでは、自分の気持ちを伝えるスキルを学ぶやり方の例を紹介しましょう。

やり方①――自分の気持ちを言葉で伝えるスキル

① 5、6人のグループをつくり、順番を決めてもらいます。
② つぎのような説明をします。

「一人目の人からここに集まってね。ここにあるカードから1枚ぬいて、書かれている

『気持ち』を見ます。カードは元のところに返してから、グループに戻って、その気持ちの言葉を使わずに、グループの他のメンバーに『気持ち』を伝えてください。たとえば、『楽しい』というカードをひいたとするね。グループに帰って、『私は、遠足でみんなとお弁当を食べるときに、この気持ちを感じます!』という具体的なお話をしてみましょう。みんなは、『ワクワクする』とか『おいしい』とかいろいろな答えをあげて、当ててください。当たったら、次の人がきてください!」

★準備物……気持ちカード
＊子どもの発達に合わせて、「さびしい」「幸せな」「うれしい」「悲しい」「くやしい」「うらやましい」「怒った」「落ち込んだ」「恥ずかしい」「わくわくする」などの気持ちが書かれたカードを用意します。

★予想される反応
生徒「友達が引っ越したとき、この気持ちになります」
他の生徒「悲しい!」「さびしい」「うらやましい」
生徒「さびしいが当たり!」

第9章　9歳、10歳の「社会性」を育てる支援

友達のリハーサル自体が、さまざまなモデルになります。互いの話をよく聞いて、いろいろな感情を想像し、言語化するリハーサルになりますし、当ててもらうと同じ感情を共有するといううれしい体験をしますので、スキルを発揮することへの意欲を高めます。

やり方②——言葉を使わずに自分の気持ちを伝えるスキル

同じカードを利用して、つぎは、身ぶり手ぶり、表情などを使って行います。それを見た他のメンバーは、その感情を当てます。

このようにして、遊びながら、人間にはいろいろな気持ちがあり、それを伝えるのにちょうどよい言葉がたくさんあることや、言葉を用いなくても、身ぶりや手ぶりで伝えられる可能性が高いことを経験できます。

コミュニケーションには、身ぶり手ぶり、表情など、言語以外のことが大切なことにも気付きます。また、同じエピソードを聞いたときに、他の人も同じような気持ちを感

じていることがわかり、友達と気持ちの通じ合う楽しさを体験することができます。

まだまだ支えが必要な時期……いきなりはしごを外さない

トレーニングをしたら、左のようなカード（図27）を用いて、今到達しているところにシールやスタンプを押してあげると、「ちゃんと頑張っているのを見ているよ」という心のメッセージを届けることができます。

9歳、10歳ごろでも、このような、具体的に自分が進歩していること、頑張っていることがビジュアル的にわかるトークン（しるし、表象）は効果があります。物によるご褒美よりも、自分が徐々に認めてもらっているということがうれしい時期です。

9歳、10歳というと、親は、「もう1年生じゃないんだから、一人で宿題をして、何でも自分でやらなきゃ」と、いきなり距離感をとって何でも自分でさせがちな年ごろですが、意外とまだ支えが必要なときです。

もちろん、何でも先回りしすぎるのは過保護ですが、しっかりと支えてやりながら、少しずつはしごの位置を変える、高さを低くする、ぐらいの心構えが必要です。

いきなりはしごを外されることほど、不安でたまらないことはありません。お家の人が支

図27　達成感を与える工夫

（渡辺弥生、小林朋子　2009　より引用）

えてくれるからこそ、学校でのストレスを乗り越えるエネルギーを蓄えることになり、またお家の人から適切な知恵をもらうことで、複雑で繊細になる人間関係を、失敗しながらも乗り越えていけるのです。

また、それが、辛いことではなく、楽しさにつながることが会得できれば、思春期のスタートがスムーズにきれることになるでしょう（渡辺、2005）。

第10章　9歳、10歳の「道徳性」を育てるアプローチ

（1）道徳性を育てるプログラムとは

さてつぎに、道徳性を育てるプログラムとして、Voices of Love and Freedom プログラム、略して、「VLF思いやり育成プログラム」（渡辺、2001）をご紹介したいと思います。

直訳しますと、Loveは、「愛」となりますが、むしろここでは、親しくなる「親密性」のことを意味します。また、Freedomは、「自由」というよりは、むしろ自分を律するという意味の「自律性」のことを指します。

「親しくなりたい」という欲求と「束縛されたくない」という欲求

第10章　9歳、10歳の「道徳性」を育てるアプローチ

私たちは対人関係において、「人と親しくなりたい」という欲求が強い一方で、同時に、「束縛されずに自分で何かをしたい」という欲求も強いところがあります。そのため、青年期においては、特にこの2つの強い欲求がぶつかり合うことが少なくありません。つまり、「相手と親密になりたい」と思うと、互いに束縛しがちになります。親密性が強すぎると、自律性が失われることになりがちですし、逆に、自律性が強すぎると「放っておいてほしい」と思い、親密性が薄れてしまうということがよくあります。

このようなことから、このプログラムの名前には、親密性と自律性をバランスよく育てていくことが重要だという意味が込められているわけです。

また、Voicesは「声」という意味になりますが、子どもたちの一人一人の思いを重視していきたいという願いが強く込められています。

（2）思いやり育成プログラムの理論と対応

教育によって人間関係を育てることへのニーズ

このプログラムと出会ったのは、私が1996年に、アメリカのボストンにあるハーバー

ド大学で、在外研究員としてセルマン先生に教えていただいたことがきっかけでした。当時、アメリカでも日本でも、子どもたちが人格形成の面において、健康に育っていないのではないか、という問題が社会的に指摘されていました。

対人関係がうまくいかない子どもたちへの治療的なアプローチも重要ですが、他人の考えを理解し、自分の気持ちを相手にわかるように伝えるといった、社会生活を送るうえでの基本的な力を、教育によってバランスよく育てることが大切だという認識も高まっていました。そのため、教育的なアプローチへのニーズが高まって、このようなプログラムが開発されたということになります。

このプログラムの理論的な背景には、前述したセルマン先生の「役割取得理論」があります。この理論は、これまでにもご紹介した、道徳性の認知発達理論で有名なピアジェやコールバーグの理論の影響を受けています。

自分と他人とが同じ人間であり、対等の関係であること。しかし、誰もが自分という意識を持ち、異なる存在であるため、互いに尊重しながら、他人の気持ちを理解し、推測する力を発達させなければならない、という考え方が基盤になっています。役割を取る、相手の視点を理解するといった意味から、「役割取得能力」と呼ばれています（「社会的視点取得能

第10章　9歳、10歳の「道徳性」を育てるアプローチ

力」とか「社会的視点調整能力」などとも呼ばれています)。

役割取得能力の5レベル——同年齢の中で低いレベルの子に注目する

　第7章でも述べましたが、この役割取得能力には、5段階あります。

　もっとも低いレベルは「レベル0」で、「自己中心的役割取得」段階です。3歳から5歳ごろを対象にしたレベルで、自分と他人の視点を区別することが難しい段階です。

　そのつぎの「レベル1」は、6歳から7歳ごろと考えられています。この時期は、自分の視点と他人の視点とを区別して理解していますが、同時に関連付けることが難しい時期です。また、意図と行動を区別して考えられるようにはなりますが、まだ、「笑っていれば嬉しいはず」というふうに、表面的な行動から気持ちを推測する段階です。

　「レベル2」は、「二人称相応的役割取得」段階と言います。この段階は、8歳から11歳ごろで、他人の視点から自分の思考や行動について内省できる段階です。外から自分がどのように見えるかや、自分だけが知る世界とその他の世界を区別することができるようになります。

　「レベル3」は、第三者の視点がとれるようになり、自分と近しい人だけではなく「彼」や

「彼女」の立場に立って考えることができるようになります。

そして、最高レベルの「レベル4」は、「一般化された他者としての役割取得」段階で、15歳から18歳ごろです。身近であるかどうかに限らず、多くの人々の立場があることを理解したうえで、自分自身の視点を調和させようと考えられるようになります。また、言わなくても明らかなことがある、といった心の無意識の世界をも理解できるようになります。

こうした発達段階をもとにして考えますと、同じ学年でも、子どもによってレベルが異なっているのがわかります。そのため、特に、年齢に比較して低いレベルにいる子どもたちの思いやりを育む必要がある、と考えられたわけです。

（3）実践例──役割を交代して感じてみる練習！

アドリブで「実体験」を味わう

それでは、実際にVLF思いやり育成プログラムがどのようなプログラムか、このプログラムの目的と授業の方法についてお伝えします。

目標を整理しますと、大きくは4つになります。1つ目は、自分と他人の違いを認識する

第10章　9歳、10歳の「道徳性」を育てるアプローチ

ことです。そして、2つ目は、他人の視点に立って考えることができるようになること、4つ目は、自分と他人の葛藤を適切に解決できるようになる段階です。

授業は主に、4つのステップで構成されています。

ステップ1……まず、先生と生徒の心を「結び付ける」ことをねらいとしています。授業者である先生が、最初に、個人的な体験を子どもたちに話します。たとえば、「先生が、みんなと同じくらいの10歳のころの話なんだけど、ブランコが大好きだったのね。それで、学校の休み時間に、いち早くブランコに乗ってしまいたくて、ずっと交替しないで乗っちゃったんだよね」といったような話をします。そして、生徒たちに、いくつか質問をしてみます。「お友達はどんな気持ちだったと思う？」「先生はどうしたらよかったのかな？」「みんなもこんなことある？」など、尋ねてみるのです。

個人的な体験は、子どもたちが身近に体験している対人葛藤場面が含まれる内容がよいと思います。子どもたちは、先生を身近に感じて、信頼関係をつくることになります。

親子でも同じようにできます。

ステップ2……つぎのステップ2は、「話し合い」となります。

先生は、子どもたちの思いやりの発達レベルをもとに、適当な対人関係の葛藤が含まれる絵本を資料として用います。劇やドラマをもとにしてもよいと思います。

先生は、物語を読み進めますが、登場人物を理解するうえで重要な場面で立ち止まります。そこでの、登場人物の気持ちや、「なぜそのように考えるか」などについてペアで考えを聞き合う「パートナーインタビュー」を実施します。

自分の思いや考えを相手に伝えることが難しい子どもにとっては、ペアだと抵抗も少なく、小さい声でもよいので話しやすく、相手に伝えやすいようです。しかも友達の話を聞くこともでき、話し手と聞き手の両方を体験することができます。

たいてい、授業でずーっとだまって過ごしがちの子どもにとっては、「自分は参加しているんだ!」という意識を高めることができます。

日本では、登場人物の気持ちや心情ばかり尋ねることが多いのですが、「なぜ」そのような気持ちになるかについて考えさせます。気持ちがどういった背景で生じるのかを

第10章　9歳、10歳の「道徳性」を育てるアプローチ

考えられるということは、解決方法を考える大きな手がかりになるからです。親子できょうだいでペアになるといいですね。

ステップ3……「実践する」というセッションです。
対人葛藤の山場で立ち止まって、そこで登場人物がどのように問題を解決するかを推測して、ロールプレイをしてみます。
役割であるロールを交代して、いろいろな解決方法を考えてみます。ペアでロールプレイを行ってから、みんなの前でやってみたり、自分たちだけでなく友達のロールプレイをモデルにして、さらに考えを深めることができます。
このときには、劇ではなくて、アドリブで行うことが大切です。実際に、その立場に立ったときに、自分がどんなことを考えて話すのか、実体験に近い役割取得の機会を味わうことが求められているのです。
まずは自由にやってみて、つぎに、（A）何が問題か、（B）どのような解決方法があるか、（C）どの解決のしかたがベストか、（D）その解決のしかたをしてみると自分や他の人はどういう気持ちになるか、など、問題解決のABCDを考えさせても力が付き

ます。

ステップ4……最後は、「表現する」時間です。

自分の視点を表現する手段としては、日記や感想文などを書かせたりします。相手の立場を認識するためには、「手紙」を書かせることがよい練習になります。相手の気持ちを想像して、相手を傷付けないように自分の気持ちを伝える練習になります。

もっと難しいレベルを体験させるには、ある登場人物の視点から、他の登場人物に手紙を書くとしたら、といった仮定のもとで書かせてもよいと思います。そして、第三者の立場を理解する練習をさせる場合は、「物語の続き」を書かせたりします。

幼児の場合は字を書くのが難しいので、絵を描かせて、伝えたいことを先生が字で絵に書き込んであげるといったことをするとよいと思います。

考えればわかる、の嘘──相手の立場に本当に立つ経験

このプログラムは、これまでたくさんの学校で実践してもらっています。幼児から高校生まで実践されています。

第10章　9歳、10歳の「道徳性」を育てるアプローチ

資料として絵本を用いることが多いのですが、その理由の一つとして、ページをめくるまで先の展開が読めないわくわく感がある、ストーリーが理解しやすいのにもかかわらず、ページをめくるまで先の展開が読めないわくわく感がある、ということがあげられます。登場人物も限られてきますから、主人公以外の登場人物の気持ちを考える練習にもなります。

ですから、このプログラムによって、教える側も、子どもがどれくらい他の人の気持ちを考えられるかといった子どもの見方や考え方を知ることができ、また、葛藤の解決のしかたを子どもが理解するための手掛かりをも学ぶことができるのです。

ふだんからこうしたプログラムを実施していると、何か起こってから対応するだけではなかなか解決しない問題を予防することができますし、さらには、クラスの中の思いやりの雰囲気を高めることができます。子どもの中の認知面（考え方）だけでなく、情緒面、行動面での改善や実行力にも結び付くので、ぜひ、こうしたプログラムにチャレンジしていただけたらと思います。詳細は、他著（渡辺、2001、2011）に記してあります。

ご家庭でも、同じように4つのステップを応用してもらえるとよいのですが……たとえば、いつも座っている食卓の座る位置を、ある朝交換してみる、というだけでも、おもしろい体験です。座る位置で、見える光景も変わり、なんだか気持ちも変わってくるものです。

同様に、自動車で出かけるとき、車内で座る位置を交代してみても、気分が変わります。

つまり、役割や立場を交代するという行動をしてみて、初めて気が付くことが多いものです。よく、「そんなことしなくても、頭でわかるよ」ということを大人は言いがちですが、実際には、やってみて初めて気付くことが実に多いことがわかります。

それだけ、頭で予想することには限界があるのです。しょせん頭の中は、自分だけで考えている世界です。頭だけで実際に他人の世界までを想像することは、不可能に近いほど難しいものなのです。

その位置、その人の立場に立ってみないと、気付けないことばかりです。お手伝いの内容をきょうだいで取り替えたり、お父さんやお母さんが役割を交代するなどして、互いに大変なことを理解し合い、共有し合うことで、公正や正義の源がわかってくるから不思議です。

外国旅行をしたときに、現地の世界地図を見るのも、新しい学びを教えてくれます。オーストラリアではオーストラリアが、イタリアではイタリアが、地図の真ん中に描かれているからです！

こんな当たり前のことに、恥ずかしながら、比較的大きくなってから気付いた私です。

246

おわりに

「おわりに」を書きながら、「おわってもいいのか」という気持ちをなぜか背負っています。

と言うのも、この10歳という年齢の特徴を探る作業において、本当に多くの研究や知見に出会ったからです。

つまり、ここに紹介できた内容は、ほんの一握りの研究とも言えますし、また、「私」自身のフィルターを通して、理解できたものに集約されるわけで、まだまだエネルギーがあれば掘り起こせたかもしれないからです。

かつては、いわゆる思春期というと、15、16歳あたりをイメージしがちだったのが、最近では13歳や14歳が犯罪、自殺といった問題と絡めて報じられるようになり、大きな社会的問題を生じさせる年齢が年々低年齢化しているのが、気になっていました。

楽しいことがあるとケラケラ笑い、嫌なことがあるとワーンと泣くことができる年齢は、

おわりに

ある意味では、幸せです。それが成長とともにいつしか、笑いたくても抑え込んだり、嫌なことがあっても愛想笑いをしてしまうような心の世界を意識するようになります。

その一方で、そんなことに努力をしている自分に疑問を持ったり、疲れ果ててしまうような「心」を持ち始める思春期の入り口は、11歳、10歳、9歳……、そのあたりですでに始まっているのかもしれない、と感じていました。

しかし、実際に、いろいろと調べ始めてみると、異なる領域で、9歳の峠、9歳の壁、10歳の壁、といった言葉がささやかれており、このあたりの年齢にスポットライトが当てられたのは、結構以前からだということを再認識することになりました。そして、このぐらいの子どもはめちゃくちゃおもしろい存在だな、とその世界にいつのまにか入り込んでしまいました。

他方で、こんなにおもしろい存在の子どもたちが、ときに虐待を受けていたり、学校に行けなくなったり、いじめられて生きるのが嫌になったような手記を読むにつけ、胸がつぶれる思いになりました。

大学の学部時代から、「子どもが転んだ友達に駆け寄って、『大丈夫?』と思いやれるのは

いつごろか」「どうして人は人を助けるのか」「子どもは、おかしを分けるとき、どういうときにずるいと思うのか」「同じ数ずつ分けてほしいのか、頑張った人に多く分けてほしいのか」「相手が泣いているのに、なぜいじめを続けられるのか」「相手の気持ちをいつごろ思いやれるのか」といった「?」を追いかけて、道徳性の発達や、社会性の発達についてがむしゃらに勉強してきました。まだまだ、「?」がなくならず、わからないことだらけです（笑）。

そんな中、微力ながらも、発達心理学を勉強してきた研究者の一人として、少しでも子どもたちに関心を持つ大人を増やし、子どもの発達を見守ってあげられる人を増やしていきたいという思いが日増しに強くなっています。

この本では、直接言及していませんが、書こうと思った根っこには、虐待をなくし、いじめを解決し、ひきこもっている子に元気を与えたい、という気持ちがいっぱいです。また、そうした問題を子どもたちが抱えてしまうことへの予防になるように、少しでもこの本が役に立てばと願っています。

そもそも、この本の執筆は、光文社新書編集部の草薙麻友子さんからいただいた、一通のお手紙から始まりました。一見問題のない10歳が、実は何か大きな変化をしているのではないか、また、それを大人は見逃してしまっているのではないか、といった問いをいただいた

おわりに

わけです。
「問い（?）」をいただいたら、追っかけ、走らずにはいられない性分の私です。そこから、あしかけ2年、走り続けてきたわけです。草薙さんからいただく、あたたかい「ことば」のお陰で、ようやく一応のゴールかなと思えるところまで走ってくることができました。途中の励ましが身に沁みます。本当にありがとうございました。また、執筆に時間をかけすぎて、家事をほうり出しても大目に見てくれている家族に感謝して、ひとまず終わりたいと思います。

2011年3月　弥生の空に

渡辺弥生

図23「コールバーグの道徳発達段階の年齢的変化」
　Shaffer,P.R.　2009　Social and personality development. Wadsworth, 6th edition.
表12「公正概念の発達段階」
　渡辺弥生　1986　「分配における公正観の発達」『教育心理学研究』34,84-90.
表13「権威の認知発達段階」
　渡辺弥生　1992　『幼児・児童における分配の公正さに関する研究』(風間書房)
表15「領域特殊理論による社会的知識の分類」
　首藤敏元（第6章）「領域特殊理論」日本道徳性心理学研究会編　1992　『道徳性心理学』(北大路書房)
表16「『規則がなくても悪い（善い）』および『個人の問題である』として選ばれた割合」
　首藤敏元（第6章）「領域特殊理論」日本道徳性心理学研究会編　1992　『道徳性心理学』(北大路書房)
表17「役割取得能力の発達段階」
　渡辺弥生　2001　『VLFによる思いやり育成プログラム』(図書文化社)
図24「社会的視点調整能力と対人交渉方略」
　Selman,R.L.　2003　The promotion of social awareness: powerful lessons from the partnership of developmental theory and classroom practice. N.Y., Russell Sage Foundation.

以上

【図表・引用文献リスト】

表7「小学校4年生から中学校2年生の科学的な読み、科学的なテキスト、科学的な読みの方略についてのメタ認知的知識」
    西垣順子　2000　「児童期における読解に関するメタ認知的知識の発達」京都大学大学院教育学研究科紀要 46, 131-143.
図17「知的リアリズムから視覚的リアリズムへ」
    川島一夫編著　2001　『図でよむ心理学　発達』（福村出版）
    Freeman,N.H. & Janikoun,R. 1972 Intellectual realism in children's drawings of a familiar object with distinctive features. Child Development, 43,1116-1121.
図18「運動場でのボール探し」
    加藤直樹　1987　『少年期の壁をこえる——九、十歳の節を大切に』（新日本出版社）

第5章
表8「感情の発達」
    Shaffer,D.R. 2009 Social and personality development. Wadsworth, 6th edition.
表9「感情リテラシーの発達のアウトライン」
    Cornwell,S. & Bundy, J. 2009 The emotional curriculum. SAGE.

第6章
表10「共同反芻の質問紙」
    Sharabany, R., Gershoni, R. & Hofman, J.E. 1981 Girlfriend, boyfriend: Age and sex differences in intimate friendship. Developmental Psychology, 17, 800-808.

第7章
図22「結果論と動機論——どちらが悪いでしょう（ピアジェ類似の問題）」
    髙尾正（14章）「良い子・悪い子・普通の子」川島一夫編著　2001　『図でよむ心理学　発達』（福村出版）
表11「コールバーグによる道徳性の発達段階」
    荒木紀幸　1988　『道徳教育はこうすればおもしろい——コールバーグ理論とその実践』（北大路書房）

第4章

図9 「『保存の理解』(テストの例)」
    野呂正　1983　「思考の発達」野呂正編『幼児心理学』(朝倉書店)

図10「振り子課題」
    川島一夫編著　2001　『図でよむ心理学　発達』(福村出版)
    Inhelder, B. & Piaget, J.　1958　The growth of logical thinking from childhood to adolescence. Routage & Kagan Paul.

図11「創造力の変化」
    Shaffer, D.R.　1973　Children's responses to a hypothetical proposition. Paper presented at the annual meeting of the Midwestern Psychological Association: Chicago.

表5 「時間的展望の尺度」
    東江康治、石川清浩、嘉数朝子　1984　「児童の時間的展望尺度の作成」琉球大学教育学部紀要　第二部 (28), 237-243.

図12「時間的展望における未来事象までの距離の認知」
    白井利明　1985　「児童期から青年期にかけての未来展望の発達」大阪教育大学紀要 (第Ⅳ部門) 34, 61-70.

図13「時間的展望における過去・現在・未来」
    白井利明　1985　「児童期から青年期にかけての未来展望の発達」大阪教育大学紀要 (第Ⅳ部門) 34, 61-70.

図14「時間的展望と他者との関係性」
    白井利明　1985　「児童期から青年期にかけての未来展望の発達」大阪教育大学紀要 (第Ⅳ部門) 34, 61-70.

図15「『将来の希望』の平均値」
    都筑学　2008　『小学校から中学校への学校移行と時間的展望──縦断的調査にもとづく検討』(ナカニシヤ出版)

図16「『空虚感』の平均値」
    都筑学　2008　『小学校から中学校への学校移行と時間的展望──縦断的調査にもとづく検討』(ナカニシヤ出版)

表6 「Myers & Paris (1978)による、小学校2年生と6年生における読解についてのメタ認知的知識の違い」
    西垣順子　2000　「児童期における読解に関するメタ認知的知識の発達」京都大学大学院教育学研究科紀要 46, 131-143.

【図表・引用文献リスト】

第1章

表1「年齢と学習や指導の変化」
　脇中起余子　2009『聴覚障害教育　これまでとこれから——コミュニケーション論争・9歳の壁・障害認識を中心に』(北大路書房)

表2「言葉の変化」
　脇中起余子　2009『聴覚障害教育　これまでとこれから——コミュニケーション論争・9歳の壁・障害認識を中心に』(北大路書房)

図1「『9歳の壁』と『高度化』『高次化』」
　脇中起余子　2009『聴覚障害教育　これまでとこれから——コミュニケーション論争・9歳の壁・障害認識を中心に』(北大路書房)

第3章

図3「加齢にともなう自己意識の変化」
　Montemayor,R. & Eisen,M.　1977　The development of self-conceptions from childhood to adolescence. Developmental Psychology,13,314-319.

図4「自尊心の加齢による変化」
　Robins,R.W. & Trzesniewski, K.H., Tracey,J.L., Gosling,S.D. & Potter, J. 2002　Global self-esteem across the life span. Psychology and Aging, 17,423-434.

図5「マクシ課題」
　Wimmer,H. & Perner,L.　1983　Beliefs about beliefs: Representation and constraining function of wrong beliefs in young children's understanding of deception. Cognition,13,103-128.

図8「誘惑への抵抗」
　渡辺弥生、伊藤順子、杉村伸一郎編　2008『原著で学ぶ社会性の発達』(ナカニシヤ出版)

表3「性の恒常性に関する14の質問」
　渡辺弥生、伊藤順子、杉村伸一郎編　2008『原著で学ぶ社会性の発達』(ナカニシヤ出版)

表4「3つの質問領域に基づく性の恒常性尺度」
　渡辺弥生、伊藤順子、杉村伸一郎編　2008『原著で学ぶ社会性の発達』(ナカニシヤ出版)

渡辺弥生　1989　「児童期における公正観の発達と権威概念の発達との関係について」『教育心理学研究』37(2),163-171.

Turiel,E.　1983　The development of social knowledge: Morality and convention. Cambridge, England: Cambridge University Press.

森川敦子・鈴木由美子　2006　「子どもの『社会的慣習』と『道徳』との概念区別における『状況依存性』の発達的検討」広島大学大学院教育学研究科紀要　第一部　55,53-59.

Selman,R.L.　1980　The growth of interpersonal understanding: Developmental and clinical analysis. New York: Academic Press.

渡辺弥生編　2001　『VLFによる思いやり育成プログラム』図書文化社

Selman,R.L.　2003　The promotion of social awareness: powerful lessons from the partnership of developmental theory and classroom practice. N.Y., Russell Sage Foundation.

渡辺弥生　2007　「小学生の対人葛藤場面における対人交渉方略の発達とソーシャルスキル」日本教育心理学会第49回総会、124.

第8章

文部科学省　平成21年度　「学校保健統計調査」「体力・運動能力調査」

第9章

渡辺弥生　1996　『ソーシャル・スキル・トレーニング』日本文化科学社

渡辺弥生・小林朋子編著　2009　『10代を育てるソーシャルスキル教育』北樹出版

渡辺弥生　2005　『親子のためのソーシャルスキル』サイエンス社

第10章

渡辺弥生　2001　『VLFによる思いやり育成プログラム』図書文化社

渡辺弥生　2011　『絵本で育てる思いやり――発達理論に基づいた教育実践――』野間教育研究所紀要第49集

【本文・引用文献リスト】

Schwartz,J.A.J. & Koenig,L.J. 1996 Response styles and negative affect among 7 adolescents. Cognitive Therapy and Research, 20, 13-36.

Broderick,P.C. 1998 Early adolescent gender differences in the use of ruminative and distracting coping strategies. Journal of Early Adolescence, 18,173-191.

Rose,A.J. 2002 Co-rumination in the friendships of girls and boys. Child Development, 73,1830-1843.

Sharabany, R., Gershoni, R. & Hofman, J.E. 1981 Girlfriend, boyfriend: Age and sex differences in intimate friendship. Developmental Psychology, 17, 800-808

Berndt,T.J. 1979 Developmental changes in conformity to peers and parents. Developmental Psychology,15,608-616.

Berndt,T 2002 Friendship quality and social development. Current directions in psychological science, 11,7-10.

Gottman,J.M. & Parker,J.G. 1987 Conversations of Friends: speculations on affective development. Cambridge University Press.

渡辺弥生・蒲田いずみ 1998 「中学生におけるソーシャルサポートとソーシャルスキル」 静岡大学教育学部研究報告（人文・社会科学篇）第49号、337-351.

第7章

Piaget,J. 1932 The moral judgement of the child (translated by M.Gabain). New York. (大伴茂訳 1957『児童道徳判断の発達』 同文書院)

Kohlberg, L. 1971 From is to ought. In T. Mischel (Ed.), Cognitive development and epistemology. New York: Academic Press.

Colby,A., Kohlberg,L., Gibbs, J. & Lieberman,M. 1983 A longitudinal study of moral judgment. Monographs of the Society for Research in Child Development, 48, 1 -124.

Damon,W. 1975 Early conceptions of positive justice as related to the development of logical operations. Child Development, 46,301-312.

Damon,W. 1977 The social world of the child. San Francisco, Jossey-Bass.

渡辺弥生 1986 「分配における公正観の発達」『教育心理学研究』34,84-90.

Rawls,J. 1971 A theory of justice. Cambridge: Harvard University Press.

metacognition. In F. Weinert & R. Kluwe (Eds.), Metacognition, motivation, and understanding. Hillsdale, NJ; Lawrence Erlbaum.

Perner,J.　1991　Understanding the representational mind. The MIT Press.

藤村宣行　2008　「3章　知識の獲得・利用とメタ認知」三宮真知子編著『メタ認知――学習力を支える高次認知機能』北大路書房

加藤直樹　1987　『少年期の壁をこえる――九、十歳の節を大切に』新日本出版社

岡本夏木　1995　『小学生になる前後（新版）』岩波書店

第5章

Sroufe,A.　1996　Emotional Development: the organization of emotional life in the early years. Cambridge University Press.

久保ゆかり　1999　「児童における入り混じった感情の理解とその発達」東洋大学児童相談研究　18,33-43.

橋本巖　1987　「幼児・児童における感情の多角的推論の発達」九州大学教育学部紀要（教育心理学部門）32(2),15-30.

Saarni,C.　1984　An observational study of children's attempts to monitor their expressive behavior. Child Development,55,1504-1513.

中村真樹　2006　「児童期における他者感情推測能力の発達」九州大学心理学研究　Vol.7, 45-52.

Cornwell,S. & Bundy, J.　2009　The emotional curriculum. SAGE.

第6章

Bigelow,B.J.　1977　Children's friendships expectations: A cognitive-developmental study. Child Development,48,246-253.

Newcomb,A.F. & Bagwell,C.L.　1995　Children's friendship relations: A meta-analytic review. Psychological Bulletin, 117, 306-347

Parker, J. G. & Asher, S. R.　1993　Friendship and friendship quality in middle childhood: Links with peer group acceptance and feelings of loneliness and social dissatisfaction. Developmental Psychology, 29, 611-621.

Hart,B.I. & Thompson, J.M.　1996　Gender role characteristics and depressive symptomatology among adolescents. Journal of Early Adolescence,16,407-426.

【本文・引用文献リスト】

マーガレット・ミード　1961　『男性と女性』田中寿美子・加藤秀俊訳　東京創元社

相良順子　2002　『子どもの性役割態度の形成と発達』風間書房

Kohlberg,L.A.　1966　Cognitive-developmental analysis of children's sex-role concepts and attitudes. In E.E.Maccoby (Ed.), the development of sex differences. Stanford(CA;Stanford University Press.)

Slaby,R.G. & Frey,K.S.　1975　Development of gender constancy and selective attention to same-sex models. Child Development,46,849-856.

Bem,S.L.　1981　Gender schema theory: A cognitive account of sex typing. Psychological Review,88,354-364.

第4章

Shaffer, D.R.　1973　Children's responses to a hypothetical proposition. Paper presented at the annual meeting of the Midwestern Psychological Association: Chicago.

東江康治、石川清浩、嘉数朝子　1984　「児童の時間的展望尺度の作成」琉球大学教育学部紀要　第二部 (28), 237-243.

Lewin,K.　1951　Field theory in social science: selected theoretical papers. D.Cartwright (Ed.). New York. Harper & Row.

Lessing,E.E.　1968　Demographic, developmental, and personality correlates of length of future time perspective (FTP). Journal of Personality, 38, 183-201.

白井利明　1985　「児童期から青年期にかけての未来展望の発達」大阪教育大学紀要（第Ⅳ部）34,61-70.

NHK放送世論調査所編　1982　『図説　戦後世論史（第2版）』日本放送出版協会

高山英男 1982　「マンガを通してみた現代の子どもの世界」『ジュリスト増刊総合特集』26,127-131.

白井利明　1997　『時間的展望の生涯発達心理学』勁草書房

古谷信一　1981　「行動の記録をどうするか──毎日評価し通知表の不備を補う」『子どもと教育』83,49-54.

都筑学　2008　『小学校から中学校への学校移行と時間的展望──縦断的調査にもとづく検討』ナカニシヤ出版

Flavell, J. H.　1987　Speculation about the nature and development of

第3章

木下孝司　2001　「遅延提示された自己映像に関する幼児の理解：自己認知・時間的視点・『心の理論』の関連」『発達心理学研究』12,185-194.

Gallup,G.G.Jr.　1970　Chimpanzees : self-recognition. Science,167,86-87.

Amsterdam,B.　1972　Mirror: self-image reactions before age two. Developmental Psychology,5,297-305.

Povinelli,D.J.,Landau,K.R. & Perilloux,H.K.　1996　Self-recognition in young children using delayed versus live feedback. Evidence of a developmental asynchrony. Child Development,67,1540-1554.

Montemayor,R. & Eisen,M.　1977　The development of self-conceptions from childhood to adolescence. Developmental Psychology,13,314-319.

Rosenberg, M.　1965　Society and the adolescent self-image. Princeton, NJ; Princeton University Press.

Harter, S.　1982　The perceived competence scale for children. Child Development, 53,87-97.

Rosenberg, M.　1979　Conceiving the self. New York; Basic Books.

Robins,R.W., Trzesniewski, K.H., Tracey,J.L., Gosling,S.D. & Potter, J.　2002　Global self-esteem across the life span. Psychology and Aging, 17,423-434.

Premack,D. & Woodruff,G.　1978　Does the chimpanzee have a theory of mind? Behavioral and Brain Sciences,1(4),515-526.

Wimmer,H. & Perner,L.　1983　Beliefs about beliefs: Representation and constraining function of wrong beliefs in young children's understanding of deception. Cognition,13,103-128.

Baron-Cohen,S., Leslie,A. & Frith,U.　1985　Does the autistic child have a 'theory of mind'? Cognition,21,37-46.

Perner,J. & Wimer,H.　1985　John thinks that Mary thinks that … : Attribution of Second-order beliefs by 5- to 10-year-old children. Journal of Experimental Child Psychology,39,437-471.

Bandura,A.　1986　Social foundations of thoughts and action : A social cognitive theory. Englewood Cliffs,NJ; Prentice Hall.

Mischel,W., Ebbesen,E.B. & Zeiss,R.　1972　Cognitive and attentional mechanisms in delay of gratification. Journal of Personality and Social Psychology,21,204.

柏木惠子　1988　『幼児期における「自己」の発達』東京大学出版会

【本文・引用文献リスト】

第1章

横峯吉文　2007『天才は10歳までにつくられる』ゴルフダイジェスト社

大島清　1999『子供の脳力は9歳までの育て方で決まる』海竜社

榊原洋一　2004『子どもの脳の発達　臨界期・敏感期——早期教育で知能は大きく伸びるのか？』講談社＋α新書

榊原洋一　2009『「脳科学」の壁——脳機能イメージングで何か分かったのか』講談社＋α新書

小西行郎　2004『早期教育と脳』光文社新書

加藤直樹　1987『少年期の壁をこえる——九、十歳の節を大切に』新日本出版社

秋葉英則　1989『思春期へのステップ——9、10歳を飛躍の節に』清風堂書店出版部

Kirk,S.A.　1962　Educating exceptional children. Houghton Mifflin.

萩原浅五郎　1964　「今月の言葉」『ろう教育』7月号　3.

村井潤一　1979　「『九才の壁』をめぐって」『ろう教育科学』2月号　3号　113-128.

脇中起余子　2009　『聴覚障害教育　これまでとこれから——コミュニケーション論争・9歳の壁・障害認識を中心に』北大路書房

Baker, C.　1993　Foundations of bilingual education and bilingualism. Clevedon. Multilingual Matters.

岡秀夫（訳・編）　1996　『バイリンガル教育と第二言語習得』大修館書店

山本雅代　1996　『バイリンガルはどのようにして言語を習得するのか』明石書店

岡本夏木　1985　『ことばと発達』岩波新書

Parten,M.B.　1932　Social participation among pre-school children. Journal of Abnormal and Social Psychology,27,243-269.

第2章

文部科学省　平成17年度　「児童生徒の問題行動等生徒指導上の諸問題に関する調査」

渡辺弥生（わたなべやよい）

大阪府生まれ。1983年筑波大学卒業。同大学大学院博士課程心理学研究科で学んだ後、筑波大学、静岡大学、途中ハーバード大学客員研究員を経て、現在、法政大学文学部心理学科教授。同大学大学院ライフスキル教育研究所所長兼務。教育学博士。専門は、発達心理学、発達臨床心理学。著書に『11歳の身の上相談』（講談社）、『ソーシャル・スキル・トレーニング』（日本文化科学社）、『親子のためのソーシャルスキル』（サイエンス社）、『絵本で育てるソーシャルスキル』（編著、明治図書出版）、『VLFによる思いやり育成プログラム』（図書文化社）、『10代を育てるソーシャルスキル教育』（共編著、北樹出版）などがある。

子どもの「10歳の壁」とは何か？ 乗りこえるための発達心理学

2011年4月20日初版1刷発行
2025年2月10日　　13刷発行

著　者	渡辺弥生
発行者	三宅貴久
装　幀	アラン・チャン
印刷所	堀内印刷
製本所	ナショナル製本
発行所	株式会社 光文社 東京都文京区音羽1-16-6（〒112-8011） https://www.kobunsha.com/
電　話	編集部03(5395)8289　書籍販売部03(5395)8116 制作部03(5395)8125
メール	sinsyo@kobunsha.com

R〈日本複製権センター委託出版物〉
本書の無断複写複製（コピー）は著作権法上での例外を除き禁じられています。本書をコピーされる場合は、そのつど事前に、日本複製権センター（☎03-6809-1281、e-mail：jrrc_info@jrrc.or.jp）の許諾を得てください。

本書の電子化は私的使用に限り、著作権法上認められています。ただし代行業者等の第三者による電子データ化及び電子書籍化は、いかなる場合も認められておりません。

落丁本・乱丁本は制作部へご連絡くださればお取替えいたします。
© Yayoi Watanabe 2011 Printed in Japan　ISBN 978-4-334-03618-8

光文社新書

512 「分かりやすい説明」のルール
木暮太一

学校で教えてくれない分かりやすい説明に必要なものは、話術でも文章力でもプレゼンスキルでもない！『落ちこぼれでもわかる経済学』シリーズで人気の著者が到達した「分かりやすさ」の本質。

978-4-334-03616-4

513 江戸の卵は1個400円！
モノの値段で知る江戸の暮らし
丸田勲

高級茶漬け19万円、花魁との床入り500万円、将軍の小遣い19億2000万円⁉ ドラマや小説でおなじみの江戸庶民の暮らしも、「円」に直すといっそうよく味わえる！

978-4-334-03617-1

514 子どもの「10歳の壁」とは何か？
乗りこえるための発達心理学
渡辺弥生

「10歳の壁」の根拠を発達心理学の視点から検証。焦らされる子育てに警鐘を鳴らしつつ、この年頃に起こる大きな変化を解説。壁を「飛躍の時」に変える見守りのポイントを紹介する。

978-4-334-03618-8

515 ニッポンの書評
豊﨑由美

いい書評とダメな書評の違いは？　書評の役割、成り立ちとは？「メッタ斬り!」でおなじみのトヨザキ社長による、一億総書評家時代の必読書！ 大澤聡氏との書評対談を収録。

978-4-334-03619-5

516 新書で名著をモノにする『プロテスタンティズムの倫理と資本主義の精神』
牧野雅彦

社会学を代表する名著を、書かれた動機や時代背景、ウェーバーに影響を与えた思想家などの基礎知識を解説しながら、初心者でも理解できるように丁寧に導いてくれる一冊。

978-4-334-03620-1